大学入試 現代文・入門

別冊付
書き込み式学習で
偏差値アップ！

読解ラボ東京代表
長島康二［著］

ごま書房新社

はじめに（本書の使い方）

はじめまして。現代文講師の長島です。よろしくお願いいたします。

本書は入試現代文を始めて勉強される方、現代文が苦手な方に向けた入門書になります。

最近、予備校や高校で受験生の方を拝見していて、「本文に印をつけなくなったなあ」と感じることが多くなりました。現代文は本文中から答えを探す科目です。私たちが文章を読んで感じたことなどは問われません。ある種の宝探しゲームです。

そうなると「ここが答えではないか」・「この部分を明らかにすれば答えに近づけるぞ」といった、いわば重要なポイントに線を引いたり、丸を付けたりする作業が必要になります。

しかし、先に申した通り、受験生の多くはその作業が不得手になってきているようです。

そもそも、「重要なポイントに印をつけよう」といわれても、「重要なポイントって何?」と感じてしまうかもしれません。そこで、印をつけるべき重要なポイントをきちんと明示し、なぜ印をつけるべきなのかも説明した入門書が必要だと考え、本書を執筆した次第です。

また、単に説明されるだけではなく、受験生が自分の手を動かして作業することも必要だと考えました。そうすることで、より頭が働きますし、印をつける行為も習慣になってくれるからです。そこで、書き込み用の冊子をお付けしました。

この冊子には、本書に収録されている問題と同じものを載せています。まずは収録されている問題を自力で解いてみてください。そして、別冊を手元に置いた状態で解説を読み進めてほしいのです。

解説の中には時折「本文のここに丸を付けて下さい」という指示が出てきます。そうしたら、その指示通り、別冊に印をつけてください。

この作業を繰り返すことで、適切な場所に印をつけられるようになり、答えにあたる部分を見つける能力が高まります。そうなれば、現代文の得点も自然と上がっていきます。

頑張っていきましょう！

長島　康二

2020年1月

書き込み用別冊

第一講　基礎編①

第一講〈問題〉

次の文章を読んで、後の問いに答えなさい。

スポーツの世界で一つ興味深いのは、大相撲における行司の存在です。日本相撲協会が出している『公認相撲規則』の「審判規則」によれば、この行司はルールに則り、勝ち負けの判定を下すことになっています。そしていかに判定の［①］な局面を前にしても、どちらかの力士に勝ちを宣して*軍配を上げなくてはならない義務が彼には課されています。つまり、卓球やバレーボールの審判は*《レット》や《ノーカウント》のコールをしてプレーのやり直しを命じることができるのに対し、相撲の行司には《*同体》や《取り直し》の宣告をする権限はまったく認められていません。②行司が置かれたこうした立場に、プロの審判としての厳しさを見ることも可能でしょう。実際、大相撲の行司は、勝負判定の材料となるどのように小さな出来事をも見逃してはならないのです。

ところで私の意見では、この行司を審判としてでなく、ともすれば単調で泥臭くなりがちな相撲に花を添える、その名のとおり《儀式を司る人》と見るのが適当なように思われます。相対する力士が仕切りの姿勢をとるとき、③あのきらびやかな装束に身を固めた行司がそこにいなければ、またその行司が「ハッキョイ」「残った」の掛け声をかけるのでなければ、本場所の雰囲気があれほどの盛り上がりを見せることはまずないでしょう。

なるほど行司は判定を下します。しかし彼のその判定は、土俵下に控える複数の勝負検査役（相撲規則では審判委員と呼ばれる力士*ＯＢ）から*疑義の出されない限り、つまり彼らの同意が得られる限りにおいて効力をもつのであり、この意味において行司は実際の審判でなく、④審判を代行的に《演じている人》ということになります。

もちろん、こう述べたからといって、プロの勝負判定者としての行司の名誉を傷つけることにはならないでしょう。みずからの判定が覆されることのないよう、つまり⑤彼自身に黒星がつけられることのないよう、行司もまた勝敗の行方を正しく見極めなければならないことに変わりはありません。こうして⑥行司はいずれかの力士に軍配を上げます。それは本質において大相撲に花を添える、あくまでも儀式の一環としての行為にすぎないものですが、また同時に、大勢の観客や勝負検査役、それに土俵下にいる現役の控え力士をも納得させる、実質・客観の意味内容を備えたものでもなければなりません。行司は力士出身、つまりは相撲界のOBではありません。相撲の勝負判定は複数の人間によって行われるべきだとの考えがあるにしても、要するにこの力士OBでないという事実が、行司に最終審判としての実権が与えられないことの最大の理由ではないでしょうか。

ところで右にも述べたように、客観的に見てたとえ同体であっても、行司はいずれかの力士に軍配を上げなくてはなりません。「審判規則」がそれを要求しています。このことは、いわゆる《*物言い》の*出来が避けられない性格のものであることを、一つには示しています。ただ、それでは⑦なぜ行司には、はじめから自分で《レット》とか《ノーカウント》とかの宣告をして、取り直しを命じる権限が認められないのでしょうか。たとえ最終的な実権をもたない行司が《ノーカウント》の宣告をしても、それに疑義のある勝負検査役がそこで《物言い》をつけて新たな判定を下せば、それで何の不都合もないのではないでしょうか。

ここにおいて再び私たちは、行司は[⑧]という、先ほどの認識へと立ち戻らなければなりません。行司がどのような身振りのなかで《ノーカウント》を宣告するにしても、それでは相撲が絵にならず、観客は拍子抜けした感じを味わうばかりとなります。それゆえプロレスのレフリーとはまたちがった意味合いにおいて、大相撲の行司もまた、ショーとしての一面を備えるプロ・スポーツを側面から盛り立てるための、一人の演技者であるということになります。

（守能信次『スポーツルールの論理』より）

※ 軍配……相撲で行司が判定を示すのに使う、うちわのような道具。
※ 《レット》や《ノーカウント》……「レット」はネットに触れて入ったサーブのこと。「ノーカウント」は得点として数えないこと。
※ 同体……相撲で、両力士が同時に、倒れたり、土俵の外に出たりしたとする判定のこと。
※ ＯＢ……その組織に以前に属していた人。
※ 疑義……判定に対して疑うこと。
※ 物言い……判定に対して疑問や反対意見を出すこと。
※ 出来……物事が起こること。

問一 ［①］に入る言葉として最も適切なものを次の中から一つ選び、番号で答えなさい。

1 困難　2 明白　3 容易　4 可能

問二 ―線②「行司が置かれたこうした立場」とありますが、どういう立場ですか。最も適切なものを次の中から一つ選び、番号で答えなさい。

1 《同体》や《取り直し》の宣告をしても、それが判定として認められないという立場。
2 卓球やバレーボールの審判と同様にプロとしての厳しさが求められるという立場。
3 勝負判定の材料となるどのような小さな出来事をも見逃してはならないという立場。
4 どんな場合でも、どちらかの力士の勝ちを宣告しなければならないという立場。

問三 ―線③「あのきらびやかな装束に身を固めた行司」とありますが、筆者はこのような行司を、どういう存在だと考えていますか。次の□に入る言葉を、本文中から五字で書きぬいて答えなさい。

相撲の本場所の雰囲気に□存在。

問四 ―線④「審判を代行的に《演じている人》」とありますが、実際の審判はだれなのですか。本文中から八字で書きぬいて答えなさい。

問五 ―線⑤の「彼自身に黒星がつけられること」とありますが、どういうことですか。本文中から十字以上十五字以内で書きぬいて答えなさい。

問六 ―線⑥「行司はいずれかの力士に軍配を上げます」とありますが、軍配を上げる際にはその判定がどのようなものであることが必要ですか。本文中から十六字で書きぬいて答えなさい。

問七　―線⑦「なぜ行司には、はじめから自分で～取り直しを命じる権限が認められないのでしょうか」とありますが、

（1）

行司が《ノーカウント》の宣告をした場合、見ている人はどんな感覚を味わいますか。本文中から八字で書きぬいて答えなさい。

（2）

筆者は行司に取り直しを命じる権限が認められていないのは、なぜだと考えていますか。次の空欄に入る言葉を本文中から十九字で探し、書きぬいて答えなさい。

行司に与えられているのは、大相撲を［　　］としての役割だから。

問八　［⑧］に入る言葉を、本文中から六字で書きぬいて答えなさい。

MEMO

第一講〈解説〉

問一

空欄①の直後に、「しても」とあります。ここを丸で囲みましょう。この言葉の前後は相反する内容になります。それを踏まえて、その後を読んでいきます。

「どちらかの力士に勝ちを宣して*軍配を上げなくてはならない」とあります。ここに線を引っ張りましょう。「判定が難しい」のであれば、どちらかに軍配を上げたくありませんね。

つまり、空欄①に1の「困難」を入れて、「判定の困難な局面」とすれば、先ほど丸で囲んだ「しても」の前後が相反する内容となり、自然な文章になります。したがって、**1**が答えです。

問二

「行司の立場」がどんな立場なのか教えてね、という問題です。行司の立場を説明せよと言っているのです。

そして、説明するということは、イコールの内容を答えるということです（天才という言葉を説明しろと言われたら、「とても頭がいい人のことだよ」と答えれば正解です。そして両者は同じ意味ですから、イコールです）。

つまり、この問題は「行司の立場」とイコールの内容を探していけばよいということです。

これは傍線②に関する問題ですから、まずは傍線②に注目します。「こうした立場」と書かれていますね。ここに線を引きましょう。「こうした」は指示語で、前の内容を言い換えたものです。つまり、これより前に、行司の立場が述べられているはずだと分かるのです。

では、これより前に、どのような立場がかかれていたのでしょうか。「相撲の行司には《*同体》や《取り直し》の宣告をする権限はまったく認められていません」とあります。ここに線を引きましょう。これはまさに行司の立場です。したがって、これと同内容の**4**が答えです。

問三

行司はどんな存在？　と聞いている問題です。行司の説明を求めていますね。したがって、行司とイコールの内容を考えていくことになります。傍線③の1行前に「この行司」とあります。

これを丸で囲みましょう。そして、ここから読んでいくと、「この行司を審判としてでなく、ともすれば単調で泥臭くなりがちな相撲に花を添える」とあります。ここに線を引いたうえで、「花を添える」に丸を付けましょう。そう、行司＝花を添える存在だったのです。したがって、**「花を添える」**が答えです。

問四

「実際の審判」ってだれ？　と聞いています。つまり、「実際の審判」の説明を求めています。したがって、これとイコールの内容を探していくことになります。

設問の「実際の審判はだれなのですか」というところにまずは線を引きましょう。そして、11行目以降の「なるほど行司は判定を下します。しかし彼のその判定は、土俵下に控える複数の勝負検査役（相撲規則では審判委員と呼ばれる力士*OB）から*疑義の出されない限り、つまり彼らの同意が得られる限りにおいて効力をもつのであり」をかっこで囲みます。

さらに、「複数の勝負検査役」・「彼らの同意が得られる限りにおいて効力をもつ」に線を引きます。ここまで確認すれば、実際の審判＝**複数の勝負検査役**だと分かりますね。これが答えです。

問五

傍線⑤「彼自身に黒星がつけられる」ってどういうこと？　と問うていますので、傍線⑤の説明を求めています。したがって、傍線⑤とイコールの内容を抜き出す必要があります。

まずは傍線⑤の直前にある「つまり」を丸で囲みましょう。この言葉の前後は言い換えの関係であり、必ずイコールになります（言い換えとは、違う表現だけど中身は同じということであり、中身が同じならばイコールの関係になりますね）。

それをふまえて、つまりの前にある「みずからの判定が覆されることのないよう」をかっこで囲み、後ろにある「⑤彼自身に黒星がつけられることのないよう」も同じようにかっこで囲みます。両方に「のないよう」とありますから、これは二重線でつぶしてしまいましょう。

そうすると、傍線⑤とイコールになるのは**「みずからの判定が覆されること」**だとわかりますから、これが答えです。

問六

判定はどのようなものであるべきかを聞いている問題です。まずは傍線⑥自体に注目です。「行司はいずれかの力士に軍配を上げます」とあります。これは、行司が判定を下したという意味ですね。そして、その直後に「それ」とあります。これを丸で囲みましょう。いま丸で囲んだ「それ」は、直前の傍線⑥にあった「行司の判定」を指しています。それを踏まえて、続けて読んでいきましょう。

「それ（行司の判定のことですね）は本質において大相撲に花を添える、あくまでも儀式の一環としての行為にすぎないものですが、また同時に、大勢の観客や勝負検査役、それに土俵下にいる現役の控え力士をも納得させる、実質・客観の意味内容を備えたものでもなければなりません。」とあります。ここをかっこで囲みましょう。

そして、後半の「実質・客観の意味内容を備えたものでもなければなりません」に線を引きます。ここまで見れば、行司の判定は**「実質・客観の意味内容を備えたもの」**であるべきだと分かるでしょう。これが答えです。

問七（1）

行司が《ノーカウント》の宣告をした場合に見ている人が味わう感覚を探す問題です。まずは設問の「行司が《ノーカウント》の宣告をした場合に」というところに線を引きます。

これとほぼ同じ表現が本文中にありました。31行目からです。「行司がどのような身振りのなかで《ノーカウント》を宣告するにしても」というところです。ここにも線を引きましょう。このときに観客が味わう感覚を答える問題です。

いま線を引いたところの直後、「観客は拍子抜けした感じを味わうばかりとなります」に線を引いてください。

ここまですれば、人々は**「拍子抜けした感じ」**を味わうのだと分かります。これが答えになります。

問七（2）

まずは設問の「筆者は行司に取り直しを命じる権限が認められていないのは、なぜだと考えていますか」に線を引きます。ここから、行司が撮り直しを命じられない理由を見つければよいのだと分かります。

それでは、本文の後ろから2行目以降の「行司もまた、ショーとしての一面を備えるプロ・スポーツを側面から盛り立てるための、一人の演技者であるということになります」に線を引いてください。

そう、行司は演技者の一人にすぎないのです。だから、何かを決める権限はないのです。19字で答える問題ですから**「側面から盛り立ているための、一人の演技者」**が正解です。

問八

空欄⑧に入る言葉を考える問題です。本文から空欄⑧を見つけ、「行司は[⑧]」に線を引き、「行司」を丸で囲んでください。ここを見れば、空欄⑧＝行司だと分かります。

次に、空欄⑧直後の「先ほどの認識へと立ち戻らなければなりません」に線を引きます。ここから、答えはこの前にあると読み取れます。以上より、答えは空欄⑧より前にある、行司と同内容の6字です。

傍線③の前にある「この行司を審判としてでなく、ともすれば単調で泥臭くなりがちな相撲に花を添える、その名のとおり《儀式を司る人》と見るのが適当なように思われます」をかっこで囲みましょう。ここにある**「儀式を司る人」**が行司を6字で表現したものですから、これが答えです。

《補足》

空欄⑧＝行司でした。そして、行司＝儀式を司る人です。行司をX、儀式を司る人をYと置きましょう。左の式をご覧ください。

⑧ ＝ X
X ＝ Y
⇒ ⑧ ＝ Y

空欄⑧とXは同じものなので、置き換えられますから、空欄⑧＝Yが成り立つのです。このような考え方を三段論法と呼びます。

解答

問一　1　問二　4　問三　花を添える　問四　複数の勝負検査役　問五　みずからの判定が覆されること　問六　実質・客観の意味内容を備えたもの　問七（1）拍子抜けした感じ（2）側面から盛り立ているための、一人の演技者　問八　儀式を司る人

MEMO

第二講　基礎編②

第二講〈問題〉

次の文章を読んで、後の問いに答えなさい。

二〇〇三年に大ヒットした、SMAPの「世界に一つだけの花」（作詞・作曲 槇原敬之）という歌を聴いたことがあるでしょう。私には、この曲の歌詞には、この本が理想とする人間観を考えるためのヒントが隠れているように思えます。

とくに「そうさ僕らは世界に一つだけの花／一人一人違う種を持つ／その花を咲かせることだけに／一生懸命になればいい／小さい花や大きな花／一つとして同じものはないから／No.1にならなくてもいい／もともと特別な*Only one」というくだりは、この本の出発点としたい箇所です。なぜなら、①この歌詞のように、「私」という個人は、互いに置き換えることのできない「独自性」をもって生きているからです。

まず、人間の身体は、それぞれ異なった組み合わせをもつDNA（デオキシリボ核酸）と呼ばれる遺伝情報を担う物質によって規定されています。そして最近の研究によって、②人間のDNAには大きな個人差が存在しており、そのちがいは、病気の*発症のしやすさなどの差となって現れることが広く知られるようになりました。また、体型や体力や身体能力が人それぞれでちがっていることは、みなさんのこれまでの学校生活からも、よくおわかりでしょう。このように、自分の生まれついた身体には、他者と置き換えることのできない多様性＝個性差が存在します。これを互いに認めあうことは大切なことです。

次に、人それぞれの性格や得意分野にも独自性があります。みなさんの周りを見まわしても、活発で明るい人もいれば、はにかみがちで*シャイな人もいることでしょう。そうした性格のちがいは認めあわなければなりません。また、スポーツが得意な人、音楽や美術が得意な人、数学や理科が得意な人、社会科が得意な人、英語が得意な人、国語が得意な人などさまざまでしょう。③それらを互いに認めあい、それぞれの得意分野を各自が伸ばしていくことが大切です。

さらに、みんながいだく将来の夢も、多様であってこそ、色とりどりの花が咲くおもしろい社会が実現可能になります。みんなが、よい大学に入ってよい会社に就職することだけを夢見るような社会では、④同じ花しか咲かない退屈でつまらない社会になってしまうことでしょう。その意味で、この歌詞は、大いに歌い継がれてほしいと私は思います。

ただし、「一人一人違う種を持つ／その花を咲かせることだけに／一生懸命になればいい」というくだりについては、⑤ひとつ注文をつけておきましょう。花の多くは自分ひとりの力では美しく咲くことができません。ですからきれいな花を咲かせるためには、花が根ざしている土に水をやったり肥料をまいたりする「配慮（ケア care)」が必要なのです。それと同じように、人間も得意分野を伸ばし、個性を活かしつつ成長するためには、誰かほかの人が手助けしてあげなければならないことも多いはずです。

【つまり私がいいたいのは、人それぞれに備わった独特の個性、つまり独自性を活かすことは、「配慮」や「扶助」という観点で補われなければならないということです。人それぞれが生まれ育つ生活環境は、お金持ちの家に生まれる、貧しい家に生まれる、両親がいない、日本に住みながらも日本国籍をもたないなど、偶然と多様性に満ちています。それらの環境を「配慮」し、必要な場合には「扶助」していかなければなりません。】

たとえば、外国籍の人が日本で学校生活を送るうえで、不利になるようなことがないかをよく配慮し、不利が生じる場合には扶助の手を差し伸べる必要があります。誰かがなんらかの身体的ハンディキャップを負っているとき、人は扶助する義務が生じます。このように、偶然と多様性はそれ自体、尊重されなければなりませんが、同時に、さまざまな手当てや奨学金のような「扶助」によって、補完される必要があるのです。

この扶助や配慮という観点は、さらに⑥「公正（フェアネス fairness）」という価値で強化されなければなりません。たとえば、ある分野に優れた能力をもっていたとしても、それを伸ばす生活環境が不公平（アンフェア）ならば、それを「正す」必要があるでしょう。各自の生活環境の多様性やちがいが差別になってはいけないのです。能力があっても、貧しい生活環境のために勉強をつづけることができない人がいる場合には、「公正」という観点から、なんらかの扶助の手が差し伸べられることが必要です。

このように考えると、一人ひとりの個性は、「公正さ」によって補われてこそ活かされることが理解できるでしょう。以前には、平等は個性を奪うという主張もよくみられました。しかし、それは、⑦「均質」という意味の平等と、「公正」という意味の平等を取り違えた意見です。

均質という言葉には、みんなが同じ画一的な性質をもつというニュアンスがあります。そのため、均質という意味の平等は個性を奪うかもしれません。けれども、公正（フェア）というのは、画一的なニュアンスよりも、「機会の平等」というニュアンスの強い言葉であり、このような意味での平等は、個性を活かすための理念として考えられなければなりません。

まさにこうした意味で、人間の「自由」と「平等」は両立します。人間は、自由なくしても、「公正」という意味での平等なくしても、自らの花をいきいきと咲かせることはできません。そして、この考えこそが現代の人権思想の基礎にならなければならないのです。

（山脇直司『社会とどうかかわるか』より）

※イラク戦争……アメリカ合衆国が主体になり、イラクの武装解除問題で、イラクに攻め入ったことで始まった戦争。
※Only one……ここでは、「ただ一人」という意味。
※発症……病気の症状が現れること。
※シャイ……はずかしがりな様子。
※配慮（ケア care）……心を配ること。
※扶助……力ぞえをして助けること。
※ハンディキャップ……不利になるような状況。奨学金・学業を助けるためにあたえられるお金。

問一　―線①「この歌詞のように、『私』という個人は、互いに置き換えることのできない『独自性』をもって生きている」とありますが、個人がもっている置き換えることのできない「独自性」を、「この歌詞」の中で九字で表現した言葉を書きぬいて答えなさい。

問二　―線②「人間のＤＮＡには大きな個人差が存在しており」とありますが、この個人差についての筆者の考えを次のようにまとめました。空欄Ａ・Ｂに入る言葉を、本文中からＡは十字、Ｂは七字で書きぬいて答えなさい。

ＤＮＡによって、病気の発症のしやすさや［Ａ］のちがいが存在しているが、それを［Ｂ］ことが大切である。

問三　―線③「それら」とは、何を指していますか。本文中から十字以上十五字以内で書きぬいて答えなさい。

問四　―線④「同じ花しか咲かない退屈でつまらない社会」とありますが、この「社会」を次のようにいい換えたとき、入る言葉を、本文中から三字で書きぬいて答えなさい。

□な社会。

問五　―線⑤「ひとつ注文をつけておきましょう」とありますが、筆者はどのような「注文」をつけていますか。次の文の□に入る言葉を、本文中の言葉を使って、二十字以上二十五字以内で答えなさい。

偶然と多様性に満ちた環境に育った人それぞれの□必要がある。

問六　【　】で囲んだ段落は、その前の段落に対してどんな役割を果たしていますか。最も適切なものを次の中から一つ選び、番号で答えなさい。

1　前の段落の内容を受けて、その内容から導かれる問題点を説明している。
2　前の段落の内容を受けて、その内容の根拠を説明している。
3　前の段落の内容を受けて、その内容の予想される反論について説明している。
4　前の段落の内容を受けて、その内容をさらにくわしく説明している。

問七　―線⑥『公正（フェアネス fairness）』という価値で強化されなければなりません」とありますが、筆者の考える「公正」とは、どのような「公正」のことですか。それを表した言葉を、本文中から五字で書きぬいて答えなさい。

問八　―線⑦「『均質』という意味の平等」とは、どのような「平等」のことをいっているのですか。最も適切なものを次の中から一つ選び、番号で答えなさい。

1　個人の求めるものをすべて満たしてくれるような平等。
2　だれもがまったく同じ状況になることができる平等。
3　個人の環境を考えて、その人に合ったものをあたえる平等。
4　量よりも質のいいものをすべての人に授ける平等。

第二講〈解説〉

問一

まずは設問の「「独自性」を、「この歌詞」の中で九字で表現した言葉を書きぬいて」に線を引きましょう。ここから、独自性という意味の9字を歌詞の中から探す問題なのだと分かります。

次に、傍線②の前にある「世界に一つだけの花」に線を引きます。世界に一つだけならば、他に同じものはないということですから、独自であると言えるでしょう。要するに、ここが独自性と同内容の9字だったということです。したがって、**「世界に一つだけの花」**が答えです。

問二

空欄A・Bに入る言葉を答える問題でした。空欄補充の問題は、まず前後を読み、どのような内容が空欄に入るのか読み取っていくものです。では、空欄Aから考えて生きましょう。

まずは「DNAによって、病気の発症のしやすさや［A］のちがいが」に線を引きます。ここから、空欄A＝（病気の発症のしやすさ以外の）DNAによる違いだと分かります。では、それは何でしょうか。傍線②からに注目です。

「②人間のDNAには大きな個人差が存在しており、そのちがいは、病気の*発症のしやすさなどの差となって現れることが広く知られるようになりました。また、体型や体力や身体能力が人それぞれでちがっていることは、みなさんのこれまでの学校生活からも、よくおわかりでしょう。」をかっこで囲み、「体型や体力や身体能力」に線を引きます。

ここから、（病気の発症のしやすさ以外の）ＤＮＡによるちがいは、体型や体力や身体能力だとわかります。以上より、空欄Ａ＝ＤＮＡによる違いで、ＤＮＡによる違い＝体型や体力や身体能力ですから、空欄Ａ＝体型や体力や身体能力です。したがって、これが答えになります。第一講で紹介した三段論法ですね。空欄補充の問題でもこのアプローチをよく使います。

続いて空欄Ｂです。ここでも三段論法を使って対処します。まずは空欄Ｂの前後を見ます。「ちがいが存在しているが、それを［Ｂ］ことが大切である」に線を引きます。ここから、「ちがいを［Ｂ］こと＝大切なこと」だと分かります。では、違いをどうすることが大切なのでしょうか。12行目からに注目です。「他者と置き換えることのできない多様性＝個性差が存在します。これを互いに認めあうことは大切なことです」とあります。これをかっこで囲みましょう。ここを見れば、ちがいを互いに認めあうことが大切なのだと分かります。ちがいを［Ｂ］こと＝大切なことで、大切なこと＝違いを互いに認め合うことですから、空欄Ｂに入るのは**「互いに認めあう」**です。

問三

傍線③「それら」が何を指しているか聞いている問題です。指示語がさす内容を考える際は、まず後ろを見ます。答え自体は前にあることがほとんどですが、ヒントは後ろにあるからです。

傍線③からを読み、「③それらを互いに認めあい」に線を引いてください。ここから、傍線③＝認め合うべきものだとわかります。次に、傍線③の前後を見て、「そうした性格のちがいは認めあわなければなりません。また、スポーツが得意な人、音楽や美術が得意な人、数学や理科が得意な人、社会科が得意な人、英語が得意な人、国語が得意な人などさまざまでしょう。③それらを互いに認めあい、それぞれの得意分野を各自が伸ばしていくことが大切です」をかっこで囲みます。

さらに、その中の「性格のちがい」・「それぞれの得意分野」に線を引きます。これで、認め合うべきものとは「性格や得意分野」だと分かりました。抜き出しの問題ですから、14行目にある**「人それぞれの性格や得意分野」**が答えです。

問四

傍線④を言い換える問題です。言い換えの関係とはイコールの関係でした。したがって、傍線④とイコールの内容を考えていくことになります。まずは設問の傍線④自体に線を引きます。これは、「みんな同じである社会」という内容ですね。したがって、この内容を三文字になる言葉を探していくことになります。

この段階で、「みんな同じ」という言葉が、これより前に出ていたか？　と考えてみる習慣をつけたいものです。もちろん、完璧でなくてもよいのですが、ある程度「目星」をつけておくようになるといいでしょう。今回は、これより前にはなさそうだなと考え、後ろを探していくことになります。

44行目に**「画一的」**とあります。これを丸で囲みましょう。まさに「みんな同じ」という意味の言葉ですから、これが答えです。

ところで、答えが傍線部の近くにない場合、受験生はどのような目の動きをするべきなのでしょうか。離れた場所にあるとはいえ、まずは「傍線部がある一文を読み、どんな内容が答えになるのか目星を付ける」ことから始まります。そして、答えが前にあるにせよ後ろにあるにせよ、目星をつけた内容を念頭において、「一文ずつ離れていく」という眼の動きをしていくべきでしょう。

答えが前にあると判断したのなら、直前に一文を読み、そこになければさらに前の一文を読み…と動いていきます。後ろにあると判断したときも同様です。まずは直後の一文を読み、そこになければさらに次の一文を読み…と探していくのです。そうすれば、見落とし率を下げられます。

問五

まずは設問の「筆者はどのような『注文』をつけていますか」というところに線を引きます。ここから、「筆者の注文」の説明を求めているのだと分かりますから、これとイコールの内容を探していくことになります。

それでは、傍線⑤から読んでいきましょう。「⑤ひとつ注文をつけておきましょう。花の多くは自分ひとりの力では美しく咲くことができません。ですからきれいな花を咲かせるためには、花が根ざしている土に水をやったり肥料をまいたりする「配慮（ケア care）」が必要なのです。それと同じように、人間も得意分野を伸ばし、個性を活かしつつ成長するためには、誰かほかの人が手助けしてあげなければならないことも多いはずです」をかっこで囲みます。そして、「配慮（ケア care）が必要」と「手助けしてあげなければならないことも多いはずです」に線を引いてください。

ここから、筆者の注文は「配慮や手助けをしてほしい」だと分かりますから、その内容をまとめているところを探していくことになります。28行目から始まる「独自性を活かすことは、「配慮」や「扶助」という観点で補われなければならないということです」をかっこで囲みましょう。ここを用いて**「独自性を活かすためには、配慮と共助という観点を補う」**とまとめてあげれば、解答欄に合いますから、これが答えになります。

問六

【 】で囲まれた段落の役割を聞いています。まずはその段落の頭にある「つまり」を丸で囲んでください。この言葉の前後は、言い換えの関係でした（ちなみに、言い換えということは「表現はちがうけど、意味は同じ」ということなので、イコールの関係になります）。

ですから、言い換えの関係であると書かれた選択肢を選ぶことになります。**4**の選択肢に注目です。「さらに詳しく説明している」に線を引いてください。これは詳しく言い換えるという意味ですから、**4**が答えになります。

問七

まずは設問の「筆者の考える『公正』とは、どのような『公正』のことですか」に線を引きます。

ここから、「筆者の考える公正」の説明を求めているのだと分かりますから、それとイコールの内容を探していくことになります。45行目からを読み、「公正（フェア）というのは、画一的なニュアンスよりも、「機会の平等」というニュアンスの強い言葉であり、このような意味での平等は、個性を活かすための理念として考えられなければなりません」をかっこで囲み、「公正（フェア）」と「機会の平等」に丸をつけます。ここから、筆者の考える公正＝**機会の平等**だと分かりますから、これが答えです。

問八

まずは設問の「―線⑦「『均質』という意味の平等」とは、どのような「平等」のことをいっているのですか」に線を引きます。ここを見れば、傍線⑦の説明を求めていると分かります。要するに、問八は傍線⑦とイコールの内容を答える問題だったということになります。

傍線⑦の次の行に「均質という言葉」と書かれています。これを丸で囲み、それ以降を読んでいきます。「均質という言葉には、みんなが同じ画一的な性質をもつというニュアンスがあります」と書かれていました。ここに線を引きましょう。そして「画一的」という言葉を丸で囲みます。この言葉は、「みんな一緒」という意味です。つまり、―線⑦「『均質』という意味の平等」＝みんなが同じという意味の平等だっとということです。それと同内容の**2**が答えです。

解答

問一　世界に一つだけの花　問二　A　体型や体力や身体能力　B　互いに認めあう　問三　人それぞれの性格や得意分野　問四　画一的　問五　独自性を活かすためには、配慮と共助という観点を補う
問六　4　問七　機会の平等　問八　2

MEMO

第三講　基礎編③

第三講〈問題〉

次の文章を読んで、後の問いに答えなさい。

「雑草」というのは、人間の都合で付けた呼び名である。その植物が役に立つか立たぬか、という判断がそこには入っている。沼田先生も、そのことから人間の身勝手さを批判して先のことばを口にされたのだと思う。ところが、その役に立つか否かという判断は、時と場合によって異なる。①良い例としてクズを挙げることができるだろう。

クズは日本人にはおなじみのマメ科植物で、つる性の多年草である。日本人はこの根を用いてクズ粉をつくってきた。秋の七草のひとつにも入れられている。近年、このクズが、荒れた土地の緑化に有効であるとして日本からアメリカに持ち込まれ、その繁殖を意図しなかった地域で大繁茂してアメリカの多くの地で害草となっている。

我が家の庭には石垣があり、ささやかな家庭菜園もある。そこの管理は妻に委ねてあり（ここでも私は怠慢を決め込んでいる）、彼女は「刈っても刈ってもまたすぐに生えてくる」と困った顔をしながら、毎年雑草と格闘している。ある日、その様子を見ながらふと考えた。もし我々が砂漠に住んでいたらどうだろう。どんな植物でも構わないから、たくさん生えてくれることを望むだろう。②植物が生えれば、そこには水があり、それを食べる動物がいる。人の命を支えてくれる源があるのである。

考えてみれば、刈っても刈っても雑草が生えてきて困るということは、そこにはそれだけ高い植物生産力があり、それを支える地力があるということだ。そして、何よりも、そこには多くの生命活動を支える水があるということである。

日本の年間降水量はおよそ一七〇〇ミリであり、世界平均の約一〇〇〇ミリを大きく上回っている。世界でも雨の多い国といえるだろう。その上、温暖でもある。これらの条件が、日本の高い植物生産力を支えている。たくさん降る雨は、しばしば洪水という災いを日本人にもたらすが、その一方で、大きな恩恵を与えてくれているのである。そう考えると、③生い茂る雑草に感謝の念を持つようになり、今、日本に暮らしていることの幸運を喜びたい気持ちになってこないだろうか。

そんな雑草を、われわれは④除草剤をかけて枯らし、刈り取って燃やしている。その草は、太陽の下で増え、人間に殺されなければ、様々な動物の餌になっていただろう。すると、光合成によって雑草の体内に取り込まれた太陽エネルギーが、食物連鎖を介して多くの生物に運ばれていたに違いない。
【例えば、バッタは雑草を食べるが、そのバッタは、次に鳥に食べられるだろう。人間がかわいがっているツバメも昆虫を餌としており、雑草に始まる食物連鎖の上位に位置する動物だ。それだけではない。雑草からの食物連鎖は人間にまでもつながっている。雑草を食べたバッタなどの昆虫には、川や湖に落ちるものがいる。この水面に落下した昆虫は、例えばイワナなどの魚の重要な餌になっているのである。そして、そのイワナは釣り上げられ、食卓にのることになる。】

また、雑草を燃やすということは、雑草が得た太陽エネルギーを熱エネルギーに変え、さらに二酸化炭素を大気中に放出することで、⑤温暖化に貢献してしまう。それならば、刈った雑草を腐らせてから農地の肥料として使い、雑草からバイオエタノールをつくる技術を開発して石油の代替燃料として使った方がいいだろう。もしそれが実現したなら、誰もその植物を雑草などと呼ばなくなるかもしれない。

ところで、二十年ほど前、ドイツのブリョンという湖沼地帯で開かれたプランクトンの国際会議に出席したとき、知り合いのミジンコ研究者に招かれて、彼の自宅を訪れた。彼は、居間でお茶を飲みながら談笑している最中に、窓を大きく開け、「見てください。すばらしいでしょう」といいながら⑥誇らしげに庭を見せてくれた。私はそれを見て一瞬言葉を失った。なぜなら、その庭は雑草だらけだったのである。私にはそれがきれいな庭とは思えなかったのだ。そのとき、同行した日本人研究者が笑いながら「我が家の庭と同じです」とジョークを言ったが、相手はその意を解さずきょとんとしていた。ドイツ人の彼にとっては、何も手を加えない自然のままの状態がすばらしい景観であるようだ。ということは、日本人が雑草と呼ぶ植物も彼には美しい植物なのである。

このやりとりにより、ドイツ人と日本人の自然に対する考え方の違いを知り、また日本人が偏見の目で植物を見ていることに気づかされたのであった。

その後、その家の主は、庭を掘ってつくった小さな池を指さし、「あの池の中にはミジンコがいるんだよ」と言った。さすが著名なミジンコ学者だ。この言葉で場の雰囲気が一気に和んだのである。

考えてみると、日本人だったら池をつくるとまずそこに魚を入れるだろう。日本人にはそのような固定観念があり、それが考え方の多様性を失わせているように私は感じた。

（花里孝幸『自然はそんなにヤワじゃない』より）

※　沼田先生……植物生態学者。

※　先のことば……沼田先生の「雑草という名の植物はありません」ということば。

※　バイオエタノール……植物からつくられるアルコール燃料。

問一　――線①「良い例」とありますが、これは、どのようなことを説明するための例ですか。最も適切なものを次の中から一つ選び、番号で答えなさい。

1　植物の有用性を判断するのは人間のわがままだということ。
2　植物の有用性の判断は時と場合に応じて異なるということ。
3　雑草という名の植物はなく、何にでも名があるということ。
4　雑草という名には人間の価値判断が入っているということ。

問二　――線②「植物が生えれば、そこには水があり、それを食べる動物がいる」とありますが、筆者は植物や水、動物などをまとめてどのように表現していますか。本文中から十一字で書きぬいて答えなさい。

問三　――線③「生い茂る雑草に感謝の念を持つように」なるとありますが、それはなぜですか。その理由について次のようにまとめたとき、［A］～［C］に入る言葉を、本文中からAは七字、Bは二字、Cは十二字で書きぬいて答えなさい。

雑草が生い茂るということは、その場所に［A］があり、それを支える［B］と、［C］があるということを意味するから。

問四　――線④「除草剤をかけて枯らし、刈り取って燃やしている」とありますが、筆者はこの人間の行為をどのように表現していますか。これよりあとの本文中から一語で探し、次の文の［　］に入るように、適切な形に直して答えなさい。

植物を［　］行為。

問五 【 】で囲んだ段落は、その前の段落に対してどんな役割を果たしていますか。最も適切なものを次の中から一つ選び、番号で答えなさい。

1 前の段落の内容を受けて、その内容から導かれる結論をまとめている。
2 前の段落の内容を受けて、その内容を簡潔にまとめて要約している。
3 前の段落の内容を受けて、その内容に対して根拠を挙げて反論している。
4 前の段落の内容を受けて、その内容を具体的な例を挙げて説明している。

問六 ―線⑤「温暖化に貢献してしまう」とありますが、筆者はなぜこのように表現しているのですか。最も適切なものを次の中から一つ選び、番号で答えなさい。

1 さけなければならない事態を自ら招くことを、皮肉に感じているから。
2 地球環境を良くするために役立つことができて、誇らしいから。
3 人間が地球の環境をこわしていることを認めて、反省しているから。
4 本来するべきことがわからないままで、途方にくれているから。

問七 ―線⑥「誇らしげに庭を見せてくれた」とありますが、ここに表れているミジンコ研究者の自然に対する考え方について述べたひと続きの二文を本文中から探し、初めの五字を書きぬいて答えなさい。

MEMO

第三講〈解説〉

問一

傍線①が何を説明しているかを聞いている問題です。まずは直前からを見て、「その役に立つか否かという判断は、時と場合によって異なる。[①]良い例」をかっこで囲みます。ここから、良い例ということは、きちんと説明してくれる例だということがわかります。何を説明しているのでしょうか。

かっこで囲んだところを見れば、「役に立つかどうかは、時と場合による」ということを説明してくれているのだとわかります。したがって、その内容と合致する**2**が答えです。

問二

言い換えの関係とはイコールの関係でした。したがって、「植物や水、動物」とイコールの内容を考える問題だということになります。傍線②直後の「人の命を支えてくれる源があるのである」に線を引き、「のである」を丸で囲んでください。「のだ」・「のである」という言葉は、単に断定している場合もありますが、直前の言い換えを表している場合もあります（例　彼はかっこいい。そう、イケメンなのだ。上の例文の場合、かっこいいをイケメンに言い換えているわけです）。

今回もこのケースです。改めて、傍線②を読み、線を引いたところをご覧ください。まず、傍線②で「植物や水、動物」が出てきて、線を引いたところで「人の命を支えてくれる源」が出てきます。そして、「のである」で終わるのです。「のである」の前後は言い換え（イコール）でした。

以上より、「植物や水、動物」＝**「人の命を支えてくれる源」**になりますので、これが答えです。

問三

空欄A・B・Cに入る言葉を聞いている問題です。まずは空欄の前後を読み、その空欄とイコールの内容を読み取ることになります。空欄Aから処理していきましょう。「雑草が生い茂るということは、その場所に［A］があり」に線を引き、「あり」を丸で囲みます。

ここから、空欄A＝「雑草が生い茂るところにあるもの」です。それはなんでしょうか。傍線③の次の行にある「刈っても刈っても雑草が生えてきて困るということは、そこにはそれだけ高い植物生産力があり」をかっこで囲んでください。ここから、雑草が生い茂るところには**「高い植物生産力」**があるのだとわかりますから、これが答えです。

では、空欄BとCに参りましょう。「［A］があり、それを支える［B］と、［C］がある」をかっこで囲みます。空欄Aには「高い植物生産力」が入るのだと先ほど確認しました。それをふまえて「それを支える」に線を引きましょう。要するに、空欄BとC＝「高い植物生産力を支えるもの」だったということです。

では、何が高い植物生産力を支えているのでしょうか。傍線②のすぐ後ろにある「それだけ高い植物生産力があり、それを支える地力があるということだ。そして、何よりも、そこには多くの生命活動を支える水があるということである」をかっこで囲み、**「地力」**・**「多くの生命活動を支える水」**に線を引いてください。

ここを見れば、高い植物生産力を支えるのは、線を引いた二つだと分かりますから、これらが答えになります。

第三講〈解説〉

問四

傍線④を言い換える問題ですから、傍線④とイコールの内容を考えます。まずは傍線④の「枯らし」・「燃やしている」を丸で囲みます。これらとイコールになる表現を探していくのです。設問にある通り、答えは傍線④の後ろですから、後ろを読んでいきます。

そうすると、「殺されなければ」という言葉が出てきますので、これに線を引きます。この表現を「殺す」に修正すれば、空欄の前後ときれいにつながりますし、植物を枯らしたり燃やしたりするという内容になります。したがって、答えは**「殺す」**になります。

問五

【　】で囲まれた部分の役割を聞いている問題です。まず、その部分の最初にある「例えば」を丸で囲みます。この言葉は後ろに具体例が出てくることを表します。その内容になっている**4**が答えです。

問六

傍線⑤のように表現している理由を聞いています。まずは傍線⑤の「温暖化」を丸で囲みましょう。本来、貢献という言葉はいいことをした時に用います。ですが、ここでは温暖化というよくないことが起きています。

以上より、ここでは「嫌味」を言っているのだと分かります。1の選択肢にある「皮肉に感じている」に線を引きましょう。これが嫌味であることを表していますから、答えは**1**です。

問七

まず、設問の「ミジンコ研究者の自然に対する考え方について述べた一続きの二文を」に線を引いてください。

ここから、「ミジンコ研究者の自然に対する考え方」が書かれたところを探すのだと分かります。

では、38行目にある「ドイツ人の彼」を丸で囲みます。この人がミジンコ学者ですね。それを踏まえて続きを読んでいきます。

「ドイツ人の彼にとっては、何も手を加えない自然のままの状態がすばらしい景観であるようだ。ということは、日本人が雑草と呼ぶ植物も彼には美しい植物なのである。」をかっこで囲みます。そして「何も手を加えないままの状態が素晴らしい」・「雑草と呼ぶ植物も彼には美しい植物」の二か所に線を引いてください。

手を加えない方がいいのだ・雑草も美しい。これらはまさにミジンコ研究者の考えです。したがって、この部分が答えになります。初めの5字を書く問題ですから、**「ドイツ人の」**が正解です。

解答

問一　2　問二　人の命を支えてくれる源　問三A　高い植物生産力　B　地力　C　多くの生命活動を支える水　問四　殺す　問五　4　問六　1　問七　ドイツ人の

MEMO

第四講　基礎編④

第四講〈問題〉

次の文章を読んで、後の問いに答えなさい。

西洋のことわざに、「雄弁は銀、沈黙は金」という言葉があります。「口から泡を飛ばすような雄弁よりも、黙して語らぬほうが分別があり、すぐれている」という意味です。

なぜか日本では「沈黙は金」だけが切り離されて、「おしゃべりが度を超すと人間の価値を下げることになる」という、いましめの意味でよく使われています。「能ある鷹は爪を隠す」と同じように、「沈黙」は奥ゆかしさの要素の一つとみなされているわけです。

けれど欧米（※ヨーロッパやアメリカ）社会の現場では、こういう考え方はまったく通用しません。私自身の経験から言うと、①沈黙は「金」ではなく「罪」であり、「何も考えていない愚か者の証拠」です。

たとえば、ビジネスの交渉の場や、シンポジウム（※公開討論会）、ディベートなどに出席して、ひと言も発言しない人がいたとします。［A］では、「何か発言すればいいのに。ずいぶんおとなしい人だな」と思われるくらいですむかもしれませんが、［B］では、「あなた、なんのためにここにいるの？」という目で見られます。場合によっては、「邪魔だ」と思われるかもしれません。自分の考えを何も発言しないということは、非常に恥ずべきことだと思われているのです。

「雄弁は銀、沈黙は金」ということわざは、あくまでも原則の世界のことであって、現実には、黙っていたのでは何もことは運ばないし、何も手に入れることができません。阿吽の呼吸とか、（　②　）とかいった言い回しがあるように、［C］では「あえて口に出して言わなくても、相手は理解してくれるはず」と考えがちですが、［D］では、はっきり口に出して言わなければ何も理解されないし、自分から動かなければ何一つ自由になりません。

人前でミスをしたり意見を否定されたりすることは、ぜんぜん恥ずかしいことではありません。一歩日本の外に出れば、③しりごみして何も発言しない方がよほど恥ずかしいことなのです。意見を述べている時に頭がパニックになったり、意見を否定されて動揺したりすることは誰にでもあるのですから、気に病むことはありません。思っていることを言わないで後悔するより、後悔するくらいならその時に言っておく、というほうがはるかに健康的です。

私は二〇代後半からヨーロッパを中心に仕事をするようになりましたが、その時公の場で（④）をきちんと発言できるようになりたいと思い、「国際会議やシンポジウムの席で、必ず一つは質問をする」という課題を自分自身に与えました。

私にとって難しい課題でしたが、これに慣れない限り、コミュニケーション力やプレゼンテーション（※会議で計画などを発表すること）力や交渉力を高めることはできないと考えたのです。でも、そうは思っても、はじめは会場の片隅にちょこんと座ったまま、手をあげるタイミングさえつかめず、ひと言も発言できずにうなだれて帰ってきました。

そこで次は、「質問をしないうちは帰らない」と心に決めて、あるシンポジウムに参加しました。基調講演に耳を傾ける余裕もなく、質疑応答に入るのを今か、今かと待っているうちに、ようやく質疑応答になり、意を決してぱっと手をあげると、演壇上の講演者から指名され、それと同時に案内係の女性が飛んできてマイクを私の前に差し出しました。ところが席を立ちマイクを手にしたその瞬間、それまで考えていた質問が頭の中からすべて吹っ飛んでしまったのです。結局何も言えずじまいで着席しました。

「ああ、大恥をかいてしまった。周りの人達はさぞかし僕のことを冷笑しているだろうな」と思いましたが、周囲にはざわめきすら起こらず、マイクを手渡す係の女性はさっさと別の質問者のほうに飛んでいきました。

「そうか、（ ⑤ ）」と気づいた私は、それからは人前で失敗することを恐れなくなりました。もちろん、この事件の前までは、「人前で恥をかくことは、できれば避けたい」という気持ちはありました。でも、「このままずっと避け続けていたら、自分は一生変われない」とも思ったのです。

こうしてその後も、⑥「実践→（ E ）→反省→新たな実践→新たな（ E ）」を繰り返していくうちに、少しずつ公の場で発言できるようになっていきました。

みなさんにも、できる範囲で、こうしたトレーニングを行なうことをお勧めします。たとえば、将来ついてみたい職業があるとします。どんな職業であれ、興味をもっている分野で活躍している人に会ってみたいと思うのなら、方法はいくらでもあります。目当ての人を見つけたら、その人の講演会などに足を運んで話を聞き、質疑応答の時に何か質問をしてみるとよいでしょう。

勇気を出して手をあげて質問すれば必ずきちんと答えてくれる。つまり、その質問をする前に比べると、あなたは新しい何かを手に入れているわけです。その「何か」とは、よそでは絶対に手に入らない貴重な情報かもしれないし、「尊敬する人が自分の質問に答えてくれた」という満足感だけかもしれません。でも、とにかく確実に新しい感動や知的刺激が手に入るのです。

一度経験してしまえば、次からは失敗が怖くなくなるので、前向きなことについての「人前で恥をかく経験」は早いほどいいのです。

（『自分力を高める』今北純一）

問一　――①「沈黙は……です」の考えに合っていないものを次から選びなさい。

ア　**自分の考えを発言しないのは恥ずかしいことである。**

イ　**何も言わなくても人は自分のことを理解してくれる。**

ウ　**人前でミスしたり意見を否定されたりしても構わない。**

エ　**自分から働きかけることによって自由に行動ができる。**

問二　［A］〜［D］には、ア「欧米」・イ「日本」のどちらかが入ります。それぞれ記号で答えなさい。

問三　（②）にふさわしい四字熟語を次から選びなさい。

ア　**意気投合**　　**イ**　**不言実行**

ウ　**一心同体**　　**エ**　**以心伝心**

問四　――③「しりごみして何も発言しない」とありますが、その理由を十字以上二十字以内で答えなさい。

問五　（④）に文中の語句（五字）をぬき出して入れなさい。

問六　（⑤）には、筆者の思ったことが入ります。筆者の立場になって、「聴衆(周りで聞いている人達)は…」に続く形で二十五字以内で書きなさい。

問七　――⑥の流れをふまえて、（E）に入る熟語を答えなさい。

第四講〈解説〉

問一

傍線①と合わないもの、つまり傍線①とイコールにならないものを選ぶ問題でした。

傍線①の「沈黙」・「罪」・「愚か者の証拠」に丸を付けましょう。これらから、「傍線①＝沈黙はよくないことだ」だとわかります。

イの選択肢は「だまっていてもいいのだ」という内容ですから、傍線①と真逆です。つまり、傍線①とイコールになりません。したがって、**イ**が答えです。

問二

空欄A～Dに入る言葉を考える問題でした。

まずは空欄Aからを読み、「［A］では、『何か発言すればいいのに。ずいぶんおとなしい人だな』と思われるくらいですむかもしれませんが、［B］では、『あなた、なんのためにここにいるの？』という目で見られます」をかっこで囲みます。

ここから、A＝沈黙にやさしいところ、B＝沈黙に厳しいところだとわかります。次に4行目から始まる「『沈黙』は奥ゆかしさの要素の一つとみなされているわけです。けれど欧米（※ヨーロッパやアメリカ）社会の現場では、こういう考え方はまったく通用しません」を読み、かっこで囲みます。ここから、欧米の方が沈黙に厳しいのだと読み取れます。したがって、Aは日本でBが欧米です。

次に、空欄Cを見つけ、そこから読んでいきます。「C では『あえて口に出して言わなくても、相手は理解してくれるはず』と考えがちですが、D では、はっきり口に出して言わなければ何も理解されないし」をかっこで囲みましょう。ここから、Dの方が沈黙に厳しいのだと分かります。したがって、Cが日本で、Dが欧米になります。

問三

空欄②に入る言葉を考える問題です。

まずは空欄②からを読み、「（　②　）とかいった言い回しがあるように、C では「あえて口に出して言わなくても、相手は理解してくれるはず」と考えがち」をかっこで囲みましょう。ここから、空欄②＝口に出さなくても伝わるという意味の言葉だとわかります。

したがって、**エ**の以心伝心が答えです。なお、直前にある「阿吽の呼吸」という言葉からも「口に出さないでも伝わる」という意味の選択肢が答えだと判断できます。そのように解いてもよいと思います。

問四

傍線③の理由を考える問題でした。

まずは直前に注目です。「人前でミスをしたり意見を否定されたりすることは、ぜんぜん恥ずかしいことではありません」をかっこで囲んでください。ここから、人前でミスをしたり意見を否定されることを恥ずかしいと思っているのだと読み取れます。

人々が恥ずかしいと思っているからこそ、筆者はわざわざ「恥ずかしいことではありません」と述べているのです。そして、恥ずかしいからこそ傍線③にある通り、発言しないのです。以上より、傍線③の理由は、**「人前**

でミスをしたり意見を否定されたりすることが恥ずかしいから」となりますので、それをお書きいただければ丸になります。

問五

空欄④に入る5字を答える問題です。

まずは空欄④の前後を見て、「公の場で（　④　）をきちんと発言できるようになりたい」をかっこで囲みましょう。ここから、空欄④＝公の場で言いたいことだと分かります。では、公の場で言いたいこととは何でしょうか。

空欄Bの後を読み、「自分の考えを何も発言しないということは、非常に恥ずべきことだと思われているのです」をかっこで囲みます。ここから、公の場では**「自分の意見」**を言いたいのだと分かりますから、これが答えです。

なお、本文の後半にある「自分の質問」は不適切です。空欄④の直後に「きちんと発言できる」とありますが、「質問を発言する」とは言いません。

問六

空欄⑤に入る言葉を考える問題です。

まずは「（　⑤　）と気づいた私」に線を引きます。ここから、空欄⑤＝筆者が気づいたことだと分かります。では、筆者は何に気づいたのでしょうか。

空欄⑤の直前の段落を読み、『ああ、大恥をかいてしまった。周りの人達はさぞかし僕のことを冷笑しているだろうな』と思いましたが、周囲にはざわめきすら起こらず、マイクを手渡す係の女性はさっさと別の質問者のほうに飛んでいきました」をかっこで囲みます。ここを読めば、聴衆は筆者に反応していませんから、特に興味がないのだと分かります。

したがって、筆者が気づいたことは「聴衆は**自分に興味がない**」ということですから、この内容を書けば正解になります。

問七

空欄Eに入る熟語を考える問題です。なお、熟語とは、漢字だけで形成されている言葉のことです。

まずは前後を読み、「実践→（　E　）→反省」をかっこで囲みます。ここから、空欄E＝実践と反省の間にあることだと分かります。では、両者の間に何があったのでしょうか。

24行目からを読み、「国際会議やシンポジウムの席で、必ず一つは質問をする」という課題を自分自身に与えました。私にとって難しい課題でしたが、これに慣れない限り、⑦コミュニケーション力やプレゼンテーション（※会議で計画などを発表すること）力や交渉力を高めることはできないと考えたのです。

でも、そうは思っても、はじめは会場の片隅にちょこんと座ったまま、手をあげるタイミングさえつかめず、ひと言も発言できずに⑧うなだれて帰ってきました」をかっこで囲んでください。ここで筆者はシンポジウムなどに参加しています。これが実践です。しかし、何も発言できませんでした。これは失敗ですね。

次に、今かっこで囲んだところの直後にある「そこで次は、『質問をしないうちは帰らない』と心に決めて」に線を引きましょう。ここでは、何も言えなかったことを反省しています。要するに、実践と反省の間にあるのは**「失敗」**だったということですから、これが答えになります。

解答

問一　イ　問二　A…イ　B…ア　C…イ　D…ア　問三　エ　問四　人前でミスをしたり意見を否定されたりすることが恥ずかしいから。　問五　自分の意見　問六　自分に興味がない　問七　失敗

第五講　標準編①

第五講〈問題〉

次の文章を読んで後の問に答えなさい。

洋食の三点セットである、ナイフ・フォーク・スプーンは、いまではたいそう洗練されて、テーブルの飾りつけとしても華やかさをそえている。ほかのことについては不器用そのもののヨーロッパ人が、この三種の器具をたくみに操っているのをみると、さすがに西洋文明が[x]骨の髄までしみこんでいるなと、感心させられる。それにくらべると、幼時から箸でそだったわれわれは、どことなく窮屈でぎこちなく、とても手の一部になりきっているとはいいがたい。

もっとも、その食事器具がほとんどはみな、あたらしい西洋文明に属するといったら、驚きをよぶであろうか。ヨーロッパに太古からあったナイフをべつにすれば、[1]スプーンとフォークはたかだか数百年の履歴をもつだけのことだ。フォークは、もっとも早くとれば十一世紀ころにヴェネチアで使用されはじめたともいうが、イタリアでひろくみられるのは十五世紀。そして、アルプスの北のヨーロッパでは十六、七世紀のことだ。

スプーンはこれまた、十五、六世紀になってつかわれる。もちろん、これに類する道具は古代からずっとあったけれども、食事用というよりは料理用。それに実用のものは、おおかた木製だったことだろう。いずれにしても、箸のように由緒ただしく、ながい伝統とは[a]エンがうすい。

かつて、フォークとスプーンが出現するまえに、[2]人びとはナイフだけで食事をさばいていた。テーブルの中央に盛られた丸焼き肉から、ナイフでそぎとった部分を左手にうけとった。そう、素手でたべたものだ。こんがりとした皮のこげ目や、したたりおちる脂と肉汁が、ぺっとりと手についたことだろう。もちろん、このこってりと汚れた手は、ズボンの脇か、上着の袖にこすりつけられる。

そういう様は品格に欠ける、手をぬぐうならナプキンをつかいなさいと、十六世紀の礼儀書が教えているけれども、どうも効き目にとぼしかったようだ。何世紀ものちになってすら、貴紳淑女たちは、[b]ジザイに屈曲する五本指の道具で、肉片を口にはこんでいた。使い勝手のわるい金属器具にみむきもしないで。

木鉢にそそがれた肉のスープは、どうやって飲むのか。ことは[c]ヨウイである。適度の大きさの鉢にいれかえて、あとは直接に口をつけてすすりこもう。回し飲みとあいなったであろう。肉や野菜の具はどうしよう。ここでも指の応援がもとめられる。実際のところ、だれも不自由していなかった。

唯一の道具たるナイフは、必需品である。テーブルには一本もしくは数本のナイフがおかれることがあった。順ぐりにまわして、もしくは一家の食事であれば家父が権威をしめして手ずから、ナイフをふるって解体にかかったものだ。もっとも多くの場合、来客のときには、それぞれにナイフ持参を乞うのが正式だったようでもある。かくして、はなはだダイナミックな食事風景。ここでは、マナーもエチケットも、出る幕はない。

マナーどころではあるまい。ナイフはときおり武器になった。各自携帯の武器とあっては、人間もしばしば解体の対象となったことだった。平和が支配せずば、礼節ははるかに遠い。

フォークとスプーンの登場は、ひとに宿題を課した。ナイフがいささか狩猟経済をおもいおこさせるとすれば、フォークは、農業だ。フランス語ではフルシェットというが、これは熊手（フルシュ）の小さいものという意味である。農は勇猛よりも、順序だった配慮を必要とする。そしてスプーンのフランス語キュイエールは、「かきあつめる」という動詞からきている。漁業だか商業をおもわせる。これこそ、熟練した操作術のたまものだ。

べつの見方をすれば、食事には人間の肉体能力のいくつもの種類が動員されだした。ナイフは歯の代用品だった。そこへ、指の代用品たるフォークがはいってきた。指でとりわけるという。そしてついには、掌のかわりとして、スプーンが。上手にスープをすくいとることができるだろうか。

とたんに規制が出現する。ヨーロッパにブルジョワが姿をみせるころ、十八、九世紀に食事作法は[Y]微に入る。われわれ日本人が、欧風として理解するのは、このがんじがらめの規約集のことだ。脂と汁とで衣服をよごさぬようになったかわりに、緊張が君臨することになった。

だが、そのおかげで、食卓が平和になったことはたしかだろう。ナイフの刃傷沙汰は減った。より洗練された道具たるフォークとスプーンの仲間入りで、ナイフの切れ味もにぶってしまったからだ。

しかもさらに、食卓の平安を保証しようと、器具同士がぶつかりあう音をきびしく禁じた。それは[3]こういういきさつからだと想像される。そもそもヨーロッパ人は、器具に悪霊をみぬいている。人間が好みのままにつかっているうちはいいが、いったん器具がふれあって自前の音声を発するようになっては、悪霊は空間にはなたれることになる。ガチャガチャとナイフやフォークがぶつかりあう音は、不吉このうえもない。食卓の秩序をみだす闖入者（ちんにゅうしゃ）なのだ。だからいまもなお、ヨーロッパの食事動作のうち、ナイフとフォークで音をたてるのは、最悪の振舞である。チューチューとスープをすすって、スプーンに音を発せしめるのすら、禁じられる。

会食中のヨーロッパ人があんなにも、陽気に騒々しく談笑しているというのに、器具の音だけを嫌うのは、静寂を保つためではない。器具の発声が平和を破ると信じているためだ。馴れぬ道具をわたされて、あつかい悩む人びとにとって、食卓の平和を維持するのは、ほんとうに気づかれのすることだった。マナーは空から降ってきたのではない。それぞれの文化のなかで、価値観や世界観にもとづいて生みだされるものなのだから。

（樺山紘一「中世の路上から」より）

問一　――線a～cのカタカナを漢字に直しなさい。

問2　本文中から次の一文が抜けています。どこに補ったらよいですか。最もふさわしい箇所を探し、すぐ前の文の終わりの五字を書き抜きなさい。

手の延長として駆使するための技術的訓練を。

問3　――線X・Yのことばの意味として最もふさわしいものを次から選び、それぞれ記号で答えなさい。

X　骨の髄までしみこんでいる

ア　洗練されている

イ　しっかり身についている

ウ　味わい深くなる

エ　高度な段階に達している

Y　微に入る

ア　細かくなる

イ　知れわたる

ウ　高級化する

エ　習慣となる

問4　――線1「スプーンとフォーク」がもたらしたものは何ですか。最もふさわしいものを次から選び、記号で答えなさい。

ア　狩猟経済とマナー
イ　文明と悪霊
ウ　品格と礼節
エ　平和と緊張

問5　――線2「人びとはナイフだけで食事をさばいていた」とありますが、その食事風景はどのようなものでしたか。その説明としてふさわしくないものを次から一つ選び、記号で答えなさい。
ア　素手も使った素朴なもの
イ　ダイナミックで危険なもの
ウ　脂と汁で衣服を汚す不作法なもの
エ　新しい西洋文明の中心となるもの

問6　――線3「こういういきさつ」とありますが、それはどのようなことですか。次の空欄に入るように文中のことばを用いて三十字以上、四十字以内で書きなさい。
ヨーロッパでは【　　　　】ということ。

問7　「箸」の作法や「ナイフ・フォーク・スプーン」の作法の根本にあるものは何ですか。それを含む一文として最もふさわしいものを探し、初めの五字を書き抜きなさい。

MEMO

第五講〈解説〉

問二

まずは抜けている一文の「技術的訓練を」に線を引きましょう。そして、29行目にある「宿題を課した」を丸で囲んでください。

どのような課題を課したのでしょうか。新登場したナイフとフォークの「技術的訓練」しか考えられません。したがって、脱落文が入るところの直前五文字は**「を課した。」**なので、これが答えです。

問三

二重線X・Yの意味を問うています。言葉を知っていればそれに越したことはないですが、知らない言葉と戦う時もあるでしょう。その場合は、前後などから意味を予想していくしかありません。今回はXもYも知らない前提で考えていきましょう。

まずはXです。直前からを読み、「ヨーロッパ人が、この三種の器具をたくみに操っているのをみると、さすがに西洋文明がX骨の髄までしみこんでいる」をかっこで囲み、「三種の器具をたくみに操っている」に線を引きます。ここから、「骨の髄までしみこむ＝ナイフなどを巧みに操ることができるようになる」だとわかります。ウ以外の選択肢はこれと合致しますが、「しみこむ」という言葉を考えれば、それに一番近いのは「身についている」なので、答えは**イ**です。

次にYですが、これもまずは直前に注目するところから始めます。「十八、九世紀に食事作法は微に入る」をかっこで囲みます。そして、さらに前にある「規制が出現する」に線を引きます。規制とはルールのことです。要するに、食事作法にルールが生まれ、それが細かくなっていったのです。そのことを「微に入る」と表現しているのです。この内容をとらえているのは、アですから、答えは**ア**です。

問四

スプーンやフォークがもたらしたものを読み取る問題でした。傍線①からだいぶ離れますが、39行目からを読み、「だが、そのおかげで、食卓が平和になったことはたしかだろう。ナイフの刃傷沙汰は減った。より洗練された道具たるフォークとスプーンの仲間入りで、ナイフの切れ味もにぶってしまったからだ。しかもさらに、食卓の平安を保証しようと、器具同士がぶつかりあう音をきびしく禁じた」をかっこで囲みます。そのうえで、「食卓が平和になった」・「器具同士がぶつかりあう音をきびしく禁じた」に線を引きます。音を立ててはならないなら、ある程度の緊張感が出てきます。したがって、「平和と緊張」という**エ**が答えになります。

問五

傍線②の説明になっていない選択肢を選ぶ問題でした。要するに、傍線②とイコールにならない選択肢を考える問題だったということです。

まずは直前に注目し「かつて、フォークとスプーンが出現するまえに、人びとはナイフだけで食事をさばいていた」をかっこで囲み、「かつて」に線を引きます。

ここから、傍線②＝かつての食事風景だとわかります。かつての食事と現在の食事は、全く違うものでしたね。したがって現在の食事について述べている**エ**の選択肢が答えです。

問六

傍線③の説明を求めていますから、傍線③とイコールの内容を書いていくことになります。

まずは前後を読み、「器具同士がぶつかりあう音をきびしく禁じた。それは[3]こういういきさつからだと想像される」をかっこで囲みます。ここから、傍線③＝器具同士がぶつかりあう音を禁じるまでのいきさつだったとわかります。

では、このそのいきさつとはどのようなものなのでしょうか。43行目からを読み、「器具がふれあって自前の音声を発するようになっては、悪霊は空間にはなたれることになる。ガチャガチャとナイフやフォークがぶつかりあう音は、不吉このうえもない。食卓の秩序をみだす闖入者なのだ」をかっこで囲みましょう。

ここを見れば、「②**器具が触れ合って**②**音声を発すると、**③**悪霊がはなたれ、**③**秩序が乱れると考えられて**（X）」、器具同士がぶつかる音を禁じられたのだと分かりますから、このXが答えになります。

問七

箸やナイフの作法の根本（Xと置きます）とはなにかを聞いている問題でした。

まずは本文の後ろから二行目にある「マナー」を丸で囲みましょう。なぜこの言葉に注目するのか。マナーというのはまさに「作法」です。つまり、このマナーという言葉は、Xとイコールの内容なのです。イコールならば、根本にあるものも同じになりますから、我々はマナーの根本とはなにかを考えればよいのです。

それでは、「マナー」からを読み、「マナーは空から降ってきたのではない。それぞれの文化のなかで、価値観や世界観にもとづいて生みだされるものなのだから」をかっこで囲みます。

ここから、マナーの根本とは、価値観や世界観だと分かりますから、これが答えです。ただ、答えが含まれる一文の初めの五文字を答える問題なので、**「それぞれの」**と答えることになります。

解答

問一　a　縁　b　自在　c　容易　問二　を課した。　問三　X　イ　Y　ア　問四　エ　問五　エ　問六　ヨーロッパでは【②器具が触れ合って②音声を発すると、③悪霊がはなたれ、③秩序が乱れると考えられている】ということ。　問七　それぞれの

MEMO

第六講　標準編②

第六講〈問題〉

次の文章を読んで、後の問いに答えなさい。

日本の歴史を読んでいると面白いのは、①<u>雄弁</u>なことで評判の高かった人、というのは一人もいない。英雄というのは、保元の乱の源為朝、征韓論の西郷隆盛など議論をすると負けてしまう方に人気がある。源頼朝の重臣だった梶原景時なんて人気がない。最近になって初めて、勝海舟が雄弁だったとか、福沢諭吉が演説が上手だったとか評価されてきたが、戦前はそういうことがなかった。

西郷従道（つぐみち）、隆盛（たかもり）の一番末の弟だそうだが、この人は西南の役のとき、兄貴には従わず、明治政府に残った。そして最後は海軍大臣になる。アメリカに行ったとき、海軍大臣が来たということで大歓迎を受けたそうだが、歓迎会の席上でアメリカの代表から「今日は日本からわざわざ海軍大臣が来てくれて大変嬉しい。ぜひ一言、スピーチを」と言われた。西郷従道さんはそのようなときに話すのを聞いた経験もない。脇にいた通訳に「通訳どん、わしは、こげんなこと初めてやるけん。どうしていいかさっぱりわからん。よかこつやってくれ」と言って座ってしまったという。

困ったのは通訳である。そこで「今日は私のためにこのような会を開いていただいてありがたい。これは私一人が感謝すべきことではなくて、日本国民がすべて感謝すべきことだと思います」というようなことを、二分くらいしゃべって座った。それを聞いたアメリカ人は何という感想を持ったかというと、日本語というのは［②］何と神秘的な言葉だと思われた。そうした話が日本に伝わっても、西郷の口べたを悪く言う人はいない。かえっておもしろい奴だという評判が立つ。

日本ではどうも弁論は好まれなかった。中国では張儀という人がいる。ギリシャではデモステネス。弁論によって一国の運命を救ったという人もいるが、日本ではなかなかそうした人は現れない。漱石の『坊っちゃん』なんかは、弁論のへたなことで代表的な人だろう。職員会議で立ち上がっても、一言もまとまったことを言えない。そこへいくと教頭だとか校長だとかはいろいろ言える。たぬきや赤シャツはべらべらしゃべるけれど、そういう登場人物は好かれない。

話は簡単な方がいい。できればしない方がいい。するなら少し論理的に飛躍していてもかまわない。話はへたな方がいい。こういう傾向が日本人にはあると言ったが、例外はどんなことにもある。

日本人のものの言い方で例外はあいさつである。これだけは長い方がいい、行き届かなければいけない、と日本人は思っていた。みなさんも結婚披露宴の席に行かれたことが何度もあると思う。テーブルの上にはごちそうが並べられていて、来ている人はあの話が終わったら食べられる、と話が終わるのを心待ちにしているが、これが長い。一〇分、二〇分と続いて、それがやっと済んだとき、その人は何と言うか。「以上はなはだ簡単ではありますが……」。短いといけないと思っているのだ。これが日本人なのである。

日本人の間には、和という精神、これが一番大切にしなくてはいけないことだという教えがある。ご承知のとおり聖徳太子という人が昔十七条憲法というものを発した。あの第一条には何と書いてあるか。「和をもって貴(とうと)しと為し」。人と仲良くすること。同じ意見を持つこと。これが一番大切だというのが日本人の考えの根底にある。

外国人が日本に来て、日本人の会話を聞くと、一番耳につくのが「ね」という言葉だと言う。「今日はずいぶんたくさんの人が来ましたね」とか「今日は天気がよかったですね」とか、何かと「ね」をつける。あの「ね」

は何という意味ですか、と聞かれたことがある。

日本人はわかる。「今日はたくさんの人が来たと思っております。あなたも同じでしょう」。つまり、「あなたと同じ気持ちです」ということを私たちは会話をすることに繰り返している。繰り返し繰り返し言うことで、相手に対する軽い尊敬の気持ちを表している。だから③あいさつということが非常に大切なのである。

アメリカ人が日本にやって来ると日本人のあいさつはうるさくて仕方ない、と思うようだ。例えば思いがけないところで知っている人とバッタリ会う。「どちらにお出かけですか」と尋ねる。アメリカ人はうるさいと思う。「どこに行こうと俺の勝手だ。俺の秘密を探ろうとしているのだろうか」。日本人は何もそういうつもりではない。「こんなところでお目にかかるとは思いがけないことだ。あなたの身の上に何か大変なことがおこったのではないだろうか。もしそうだったら、一緒に心配してあげましょう」とこういう気持ちで聞くわけである。

「先日は失礼しました」。これもよく私たちが口にするあいさつである。アメリカ人はびっくりする。「確かに先日この男に会った。しかしそのときにこの男は俺に何にも悪いことはしていない。するとこの男は、俺の知らない間にとんだことをしてくれたのではないか」と心配になるという。日本人の気持ちはそうではない。「先日あなたにお目にかかった。私としては失礼なことをした覚えはないけど、私は不注意な人間である。もしかしたら失礼なことをしたかもしれない。もしそうだったらおわびする」。こういうことを言っている。そういう言葉でも分かるように、私たちは［④］が非常に好きである。感謝することよりも、［④］を尊ぶ。

みなさんがバスに乗っている。おばあさんが乗ってきた。誰かが席をゆずる。おばあさんは何というか。「ありがとうございます」とお礼を言う人もいるが、「すみませんねえ」と謝る人の方が多いだろう。おばあさんの気持ちはこうである。「私がもし乗ってこなければ、あなたは座っていられたでしょう。私のせいであなたに負担をかけてしまいました。すみません」とこういう論理で、日本人は謝ることを非常に喜ぶ。

アメリカで暮らしていた次男の話だが、次男の家にいるお手伝いさんが台所で働いていて、手からコップが滑り落ち割れてしまった。日本人ならこういうとき「⑤私がコップを割りました」と言う。でもアメリカの人はけっしてこういうことは言わないそうだ。「⑥グラスが割れたよ」と言ってきた。「お前が割ったんじゃないか、なぜ自分が割ったと言わないのか」と言ったら、ビックリしていたという。英語で「私がコップを割った」というとどういう意味になるか。壁か何かにコップをわざとぶつけて割った、という意味になってしまうようだ。コップがあやまって手から滑って割れたときはコップが割れたんであって、私が割ったんじゃない、と頑張るそうだ。

理屈を言えば確かにそうである。なぜ日本人は、手から滑り落ちたコップに対して「私が割った」と言うか。これは日本人の［⑦］感だと思う。つまり日本人はこう考えるのである。自分の手からコップが滑り落ちて割れたのは、自分が油断していたからだ。自分がしっかりしていたならばこのコップは割れなかった。自分がうっかりしていたからコップが割れた。このことの［⑦］は自分にある。だから「コップを割りました」という言い方になるのである。こういう考え方は日本人の美徳であると私は考える。

（金田一春彦「ホンモノの日本語を語していますか?」による）

※1　保元の乱～　一一五六年（保元元年）に起こった争乱。
※2　こげんなこと～　このようなこと。
※3　たぬき～　『坊っちゃん』の登場人物である校長のあだ名。
※4　赤シャツ～　『坊っちゃん』の登場人物である教頭のあだ名。

問一　―線部①「雄弁」の反対の意味の言葉を、五字以内で本文中から探して書きなさい。

問二　空欄②にあてはまる言葉としてもっとも適切なものを次の1〜4の中から選び、その番号で答えなさい。

1　突然あいさつを頼まれても応じられる、機転をきかせやすい言語だ。
2　あんなに短く言っただけであんなに長い内容のことを言っている。
3　自分のことを言っているのに、はっきりと断定せずに、ぼかして表現している。
4　とても省略が多くて論理的でないが、十分に意味を伝えることはできる。

問三　―線部③「だからあいさつということが非常に大切なのである」とありますが、本文からわかるその理由を説明したものとしてもっとも適切なものを次の1〜4の中から選び、その番号で答えなさい。

1　相手に熱心に話しかけるのは、相手と親しくなりたいという気持ちを表すことだから。
2　相手の立場に立ってわかりやすく話すのは、相手をいたわる気持ちを表すことだから。
3　相手に自分の気持ちをていねいに説明するのは、相手を信頼する気持ちを表すことだから。
4　相手と同じ気持ちであることを確認するのは、相手を重んじる気持ちを表すことだから。

問四　空欄④は二箇所ありますが、同じ四字の言葉が入ります。その言葉を本文中から探して書きなさい。

問五　―線部⑤「私がコップを割りました」・⑥「グラスが割れたよ」から読み取れる日本人とアメリカ人の違いについて述べたものとしてもっとも適切なものを次の1〜4の中から選び、その番号で答えなさい。

1　誤ってコップが割れたのはわざと割ったのとは違うと考えるアメリカ人に対し、日本人は自分が油断していたからコップが割れたと考えて謝罪する。

2　わざと割ったわけではないと理屈をこねて謝ろうとしないアメリカ人に対し、日本人は素直に自分の非を認め、謝罪をすることができる。

3　誤りを認めると弁償をしなければならないアメリカ人に対し、日本人はお互いを思いやれるから、謝罪の言葉があれば許してもらえる。

4　コップが割れた理由を論理的に説明しようとするアメリカ人に対し、日本人は自分が悪いと思っていなくても謝罪してその場を丸くおさめようとする。

問六　空欄⑦は二箇所ありますが、漢字二字の同じ言葉が入ります。その言葉を考えて書きなさい。

問七　本文の内容についての説明としてもっとも適切なものを次の1～4の中から選び、その番号で答えなさい。

1　本来は短い話を好んだ日本人が、世間体を重んじるあまりにことさらに話を長くする傾向が年年強まっていることを、豊富な例とともに示した上で、かつての日本人の美徳を取りもどすことを提案している。

2　かつては短い話を好んだ日本人が、諸外国の人々とふれあううちに長い話のよさを理解するようになった過程を、歴史的事実を追いながら述べた上で、新しい日本人の美徳が生まれる可能性を論じている。

3　日本人が短い話を好む場面と長い話を好む場面の豊富な例をあげ、アメリカ人の例と比較してアメリカ人を批判した上で、どちらの場面にも相手を思いやる日本人の美徳が表れているとたたえている。

4　短い話を好む日本人の特徴をまず述べ、例外としてあいさつは相手を重んじるから長くなるということを示した上で、相手を重んじている例をいくつかあげながら、日本人のもつ美徳を指摘している。

第六講〈解説〉

問一

雄弁と反対の意味の言葉を考える問題でした。まず前後を読み、「日本の歴史を読んでいると面白いのは、①雄弁なことで評判の高かった人、というのは一人もいない」に線を引きましょう。

ここから、雄弁というのは、日本で評判の低い人の特徴だとわかります。したがって、日本で評判の高い人の特徴が、雄弁と反対の意味の言葉だということになります。

それでは、次に14行目以降の「西郷の口べたを悪く言う人はいない。かえっておもしろい奴だという評判が立つ」に線を引きます。ここから、評判の高い人の特徴は**「口べた」**だとわかりますから、これが答えです。

問二

空欄②に入る言葉を考える問題です。まずは直後から読み「それを聞いたアメリカ人は何という感想を持ったかというと、日本語というのは［②］」に線を引きましょう。

ここから、空欄②とは、アメリカ人の感想なのだとわかります。では、アメリカ人の感想とは何でしょうか。8行目からの「通訳どん、わしは、こげんなこと初めてやるけん。どうしていいかさっぱりわからん。よかこつやってくれ」と言って座ってしまったという」をかっこで囲みましょう。

これを言われた通訳がしたことは12〜13行目に書かれていました。「二分くらいしゃべって」を丸で囲んでください。この様子を見たらアメリカ人はどう考えるでしょうか。「あんな短い言葉に、二分くらいの長い意味が込められてるの？」となりますね。その内容になる**2**が答えです。

問三

傍線③の理由を聞いています。まずは直前にある「だから」を丸で囲みましょう。

この言葉は、後ろの理由が前にあるときに使う言葉ですから、これの前が傍線③の理由だということになります。「だから」の前には「相手に対する軽い尊敬の気持ちを表している」と書かれています。ここに線を引きましょう。

この部分が傍線③の理由ですから、この内容の選択肢が答えです。４の選択肢に「相手を重んじる」が「尊敬の気持ち」と同内容なので、この**4**が答えです。

問四

空欄④に入る言葉を考える問題でした。一つ目の空欄④に注目し、「私たちは［④］が非常に好きである」をかっこで囲みましょう。

ここから、空欄④＝日本人が好きなことだとわかります。では、日本人は何が好きなのでしょうか。42行目にある「『先日は失礼しました』。これもよく私たちが口にするあいさつである」と、48行目以降の「おばあさんは何というか。「ありがとうございます」とお礼を言う人もいるが、「すみませんねえ」と謝る人の方が多いだろう」の二か所をかっこで囲みましょう。

これらから、日本人は**「謝ること」**が好きなのだとわかりますから、これが答えです。

問五

まずは設問の「日本人とアメリカ人の違いについて」に線を引きましょう。

この問題は、両者の違いを答える問題でした。違いを答えるときは、それぞれとイコールの内容を考えます。アメリカ人から考えていきましょう。

傍線⑥を見れば、アメリカ人は、グラスを割っても自分が悪いと思ってないのだとわかります。それに対し、日本人は傍線⑤にある通り、自分が悪いと考えるのです。それでは、1の選択肢をご覧ください。前半の「誤ってコップが割れたのはわざと割ったのとは違うと考えるアメリカ人」は、アメリカ人は自分が悪いと考えないという内容をとらえています。

そして、後半の「日本人は自分が油断していたからコップが割れたと考えて謝罪する」は、自分が悪いと考える日本人という内容と合致していますから、**1**が答えになります。

問六

空欄⑦に入る言葉を考える問題です。空欄⑦に二つありますが、一つ目に注目しても二つ目に注目しても解くことができます。

まずは二つ目に注目して解いてみます。「自分がうっかりしていたからコップが割れた。このことの[⑦]は自分にある」に線を引きましょう。ここから、空欄⑦＝コップを割った人にあるものです。では、何があるのか。コップを割った責任ですね。したがって、空欄⑦には責任が入る、ということになります。

次に、一つ目の空欄⑦に注目して解いてみましょう。「なぜ日本人は、手から滑り落ちたコップに対して「私が割った」と言うか。これは日本人の[⑦]感だと思う」をかっこで囲みます。ここから、「[⑦]感がある＝私がコップを割ったと言う（つまり、自分のせいだと言う）」だとわかります。

何があると、自分が悪いと思うのでしょうか。責任感があるからこそ、自分のせいだと言うのです。したがって、空欄⑦に入るのは**「責任」**になります。どちらの空欄に注目してもよい問題でした。

問七

消去法で対処する問題です。消去法で解くときは、句読点があるところにスラッシュを打ち、選択肢を切断するといいでしょう。全体を見ようとすると、途中で集中が途切れます。だからこそ、短く区切ることで、集中を保つ必要があるのです。

まずは、書き込み用冊子のほうに、スラッシュを入れて、選択肢を分解してみてください。そのうえで、おかしなところを指摘していきますので、そこに線を引いてみていただければと思います。実際に解くときもそのように対処するとよいでしょう。

まず1ですが、「年年強まっている」という記述が不適です。話を長くするという内容は書かれていましたが、それが年々強まっていっているかは不明です。また、後半の「かつての日本の美徳を取り戻す」という内容も確認できません。

次に2です。「諸外国と触れ合ううちに」というのが不適切です。それが長い話をするようになった原因だとは書かれておりません。また、後半の「新しい日本人の美徳が生まれる」という話もされていません。

3はどうでしょうか。まず、「アメリカ人を批判したうえで」とありますが、それは確認できません。また、後半に「相手を思いやる」とありますが、それは話の長さと無関係です。

したがって3も選べません。残った**4**を答えに持ってくることになります。

解答

問一　口べた　問二　2　問三　4　問四　謝ること　問五　1　問六　責任　問七　4

第七講　標準編③

第七講〈問題〉

次の文章を読んで、後の問いに答えなさい。

一般的に、近代保守思想の源流とみなされている思想家がイギリスの政治家エドマンド・バーク（一七一九〜九七）である。彼が同時代に隣国で起こったフランス革命を批判して書いた『フランス革命についての省察』は、現在に至るまで保守思想の原点を示す文献として、世界中で読み継がれている。

ここで注意しなければならないのは、人間が普遍的に共有する「保守的な心性」と「バーク以降の保守思想」は、明確に区別すべきものであるという点である。

人間は環境が一気に変化することを恐れる「保守的心性」を共有している。隣に全く知らない人が引っ越してくると、どうしても初めは警戒心をもって接することが多くなり、また自分が新しい土地に移り住む時には、多少の不安と緊張感を抱く。

人間はこのような「保守的な心性」をどの時代でも共有してきたし、これからも共有し続けるだろう。しかし、ここで議論する保守思想は、人間の普遍的な「心性」にとどまるものではない。バークがはっきりと主張するように、保守思想とは一八世紀ヨーロッパにおける啓蒙主義に対するアンチテーゼ（否定的な判断や命題）として生まれたものであり、近代主義者が依拠する理性的合理主義への批判こそが、核の部分を構成しているのである。

保守思想の根本は、「理性万能主義への懐疑」である。近代主義者が、人間の理性を過信し合理的に理想社会を構築することが可能だと考えがちなのに対し、保守は人間の能力の限界を謙虚に受け止め、その不完全性を直視する。つまり、懐疑主義的な人間観を保守は共有する。

　人間はどうしても「悪」を捨てきることはできない。どの時代の誰もがエゴイズムを抱え込み、時に[イ]ケイソツを免れない。[a]驕りや嫉妬、妬みなどから完全に自由になることなどできず、人間はさまざまな問題を抱え続けて生きていく存在だ。

　そんな不完全な人間が構成する社会は、必然的に不完全な存在であり続け、永遠に理想形態にたどり着くことはない。これが保守の人間観だ。毎日、世界中で問題が起こり、日々その対応に追われ続ける新聞が白紙になる日など永遠にやって来ず、テレビのニュース番組でアナウンサーが[1]「今日は一日、何もない平穏な日でした」と言うことなど起こりえない。

　保守は、そんな人間社会の完成不可能性を静かに受け止めた上で、理性によってパーフェクトな社会が出来上がるという楽観的な進歩主義を根本的に疑う。だから、保守は人間の理性に全面的に依拠するよりも、長年の歴史の中で蓄積されてきた社会的経験知や良識、伝統といった「人智を超えたもの」を重視する。歴史の風雪に耐え、多くの人の経験が凝縮された社会秩序に含まれる潜在的英知を大切にしようとする。

　この立場は、「過去に戻ればすべてうまくいく」といったような「復古」もなく、「今のまま、何も変えなくてもよい」という「反動」でもない。なぜなら、人間が普遍的に不完全である以上、過去の社会も不完全であり、また現在の社会も不完全であるからである。

　また、やっかいなことに、社会状況は時間と共に変化していく。例えば、医学の技術革新や食料品の充実などによって人々の平均寿命は長くなり、少子高齢化というかつての社会では考えられなかったような人口構成の変化が生じている。当然、我々はこれまでの制度では変化に対応することができない。新たに生まれた状況に対応した制度に変更していかなければ、社会が[b]破綻してしまう。

保守は、一部の伝統主義者のように過去を単純に理想化する立場でも、一切の制度改革を拒絶する立場でもない。「革命」のような極端な改造とは距離を置くものの、時代の変化に応じた漸進的改革には積極的に取り組もうとするのだ。バークの言葉を借りれば、保守思想家は「保守するための改革」を重視する存在である。「大切なものを守るためには、時代に応じて変わっていかなければならない」という、冷静で思慮深い見方を共有するのが保守の立場である。

保守は極端な「大きな政府」を嫌う。なんでもかんでも国家が統制的に社会をコントロールし、それによって理想的な社会を作り上げようとする態度には、特定のエリートの理性を[c]無謬のものと捉える思い上がりが潜んでいると保守は考える。

一方で、保守は極端な「小さな政府」も嫌う。国家が再分配機能を著しく低下させ、すべてを市場の論理に任せてしまうと極端な格差社会が生じてしまい、安定した秩序維持が困難になると考える。

だから保守は、本質的にバランス感覚を重視する。国家にしろ、市場にしろ、エリートにしろ、大衆にしろ、すべては不完全な存在であり、「これにさえ依拠していれば完成された社会が出来上がる」というものなどは存在しない。だから、複雑に入り組んだ社会の中で、さまざまな主体がバランスを取りながら、着実に合意形成をしていくプロセスを重視する。

そのため保守は時代状況に応じて政府の適正規模を見極め、多様な主体のバランスを取りながら政治を運営していくべきだと考える。そして、そのバランス感覚を、歴史的蓄積によって得てきた教訓や経験知によって獲得しようとする。

保守は「小さな政府か大きな政府か」といった単純な二分法そのものを疑う。保守は極めて平凡ながらも「中くらいの政府」を目指す。

この態度は、保守が「極端なもの」を嫌う。[ロ]シュウセイに基づいているといえよう。「抜本的に改革すればすべてがうまくいく」式の「極端」な議論の中には、[2]「正しい理性的判断によって社会を理想的なものに変革できる」という過信と妄想が必ず入り込んでいる。すべての問題を一気に解決する「魔法」など存在しないのだ。

私たちは特定の時代に、特定の環境の中で育ち、特定の言語を母語として身につけ、特定の人々のコミュニティーの中で生きている。「人間は一人で生きていくことはできない。具体的な人間交際を通じて合意形成をし、自らの役割を認識することを通じて、アイデンティティーを獲得している。そのため、保守は自らの行動を［　　］にこそ、重要な意味を見いだし、その社会関係を大切にする。社会の中で孤立し、生きる意味を見失いそうになっている人がいれば、社会の中に温かく迎え入れ、互いの信頼関係を[ハ]ジョウセイしていく。できる限り排除の伴わないコミュニティーの構築に努め、安定した社会秩序の形成を目指す。

このような保守思想は、決して極端な「タカ派」的主張に還元されるものではない。人間の能力の限界を謙虚に受け止め、歴史的な経験知を大切にする。極端な変革ではなく、人々が信頼しあいながら安定的に生きることのできる環境を整えていく。そんな穏健な立場こそが、保守の神髄である。

（中島岳志「保守って何」による）

問一　――線部イ〜ハを漢字に改めよ。（ただし、楷書で記すこと）

問二　――線部a〜cの読みを、平仮名・現代仮名遣いで記せ。

問三　―線部1について。ここに象徴されている筆者の人間や社会に対する見方として最も適当なもの一つを、左記各項の中から選び、番号で答えよ。

1　フランス革命のような争乱は必ず起こり、それをとおして進化するのが人間社会というものだ。
2　人間の社会的経験や良識は歴史の中でたえず変化しているが、変化しない潜在的英知もある。
3　今のまま何もしなくても良いという考え方は、人間として怠慢だという非難を免れない。
4　さまざまな主体のバランスをとることが必要なのだが、それは実際には人間にとって不可能だ。
5　人間は不完全であるがゆえに、いろいろな問題が生じるという現実を直視しなければならない。

問四　―線部2について。これと同じ内容を表している言葉を、本文中から抜き出し、六字以内で記せ。ただし、句読点は含まない。

問五　空欄□にはどんな言葉を補ったらよいか。左記各項の中から最も適当なもの一つを選び、番号で答えよ。

1　肯定するもの　　2　縛るもの　　3　限定するもの　　4　支配するもの　　5　導くもの

問六　筆者の主張する「保守思想」と合致するものを1、合致しないものを2として、それぞれ番号で答えよ。

イ　楽観的な進歩主義
ロ　理想社会を実現しようとする運動
ハ　賢明な政府による統治
ニ　排除のないコミュニティーの形成
ホ　懐疑主義的な人間観

問七　左記各項のうち、本文に述べられている趣旨と合致するものを1、合致しないものを2として、それぞれ番号で答えよ。

イ　人間はどうしても「悪」を捨てきれずにエゴイズムの側面を有している。このような人間性が社会問題を引き起こすということを自覚してこそ、理想的な社会に近づくことができるのだ。

ロ　近代主義者は人間の理性を信じて理想社会を実現しようとするが、そもそも不完全性を持つ人間にそのようなことを考えること自体が無理なのである。

ハ　保守は時代が変わったとしても、人間にとって大切なものを守るという精神である。だからこそ、時代の変化に応じて社会制度を変革しようとする思想なのである。

ニ「大きな政府」になると国家が再分配機能を低下させ、市場の論理が強まり、格差社会になってしまう。そこから生じる社会の不安定化を阻止することが保守の立場でなければならない。

ホ　人間はコミュニティーの中で生きており、他者とのコミュニケーションをとおして自分の役割を認識している。人間の相互信頼こそが社会秩序の安定につながるのだ。

第七講〈解説〉

問三

傍線①に表れている筆者の考えを答える問題でした。まずは直前からを読み、「テレビのニュース番組でアナウンサーが[1]『「今日は一日、何もない平穏な日でした」と言うことなど起こりえない』をかっこで囲みましょう。ここから、筆者は平穏な一日などあり得ないと述べているのだと分かります。なぜそのように述べるのでしょうか。19行目からを読み、「不完全な人間が構成する社会は、必然的に不完全な存在であり続け、永遠に理想形態にたどり着くことはない」をかっこで囲みます。

ここから、筆者が「人間や社会は不完全である」と考えているのだと分かります。こう考えているから、傍線①で「平穏な一日などあり得ない」と述べたのです。不完全であるならば、問題を起こしそうですから。以上より、傍線①に表れている筆者の考えは「人間や社会は不完全である」なので、それと合致する**5**が答えになります。

問四

傍線②と同じ意味で6字以内のところを探す問題です。同じ意味ということは、イコールの内容になっているということです。まずは本文から傍線②を見つけ、「正しい理性的判断」・「理想的なものに変革」を丸で囲みましょう。理想的なものにできるのであれば、すごいですね。

つまり、「傍線②＝理性はすごいという考え」だったということです。では、その考えとイコールになる言葉はどれでしょうか。13行目に「理性万能主義」とあります。これの「万能」を丸で囲んでください。この言葉は

「何でもできる」という意味です。したがって、理性はすごいという考えと同内容の言葉は、この**「理性万能主義」**なので、これが答えです。

問五

空欄に入る言葉を答える問題でした。まずは空欄の前にある「自らの行動を」に線を引きます。そして空欄の次の行を読み、「その」を丸で囲んでください。そのうえで、「社会関係」に線を引いていただければと思います。「その」の前後はイコールになりますから、この言葉より前に「社会関係」にあたる内容があるはずです。しかし、それにあたる記述はありませんでした。ですが、空欄はありました。つまり、この空欄に社会関係にあたる記述が入るということです。

なお、この「社会関係」は「人とのつながり」という意味の言葉です。そのつながりのせいで、人はやりたいことができなくなったりもしますから、それと合致する**2**の「縛るもの」が答えです。なお、他の選択肢についてですが、3は人間関係とは無関係ですし、1・4・5は逆の関係もあり得るので、選べません。

問六

保守思想とイコールならば1、そうでないなら2と答える問題です。まずは19行目以降の「そんな不完全な人間が構成する社会は、必然的に不完全な存在であり続け、永遠に理想形態にたどり着くことはない」を読み、かっこで囲みます。

ここから、「保守思想＝人間は不完全なので、理想的な社会など作れない」だと分かります。これは悲観的ですから、イはイコールになりませんので、**2**です。また、ロも理想的な社会を作れると考えてませんので、合いません。**2**です。逆にホは人間を疑っているので**1**です。

次に、48行目からをお読みください。そして「そのため保守は時代状況に応じて政府の適正規模を見極め、多様な主体のバランスを取りながら政治を運営していくべきだと考える」をかっこで囲みましょう。ここから、「保守思想＝バランスをきちんととれる政府を求める」だとわかります。ハはこれと合致しますから、**1**になります。

最後に、傍線ハの前後、「社会の中で孤立し、生きる意味を見失いそうになっている人がいれば、社会の中に温かく迎え入れ、互いの信頼関係をハジョウセイしていく。できる限り排除の伴わないコミュニティーの構築に努め、安定した社会秩序の形成を目指す」を読み、かっこで囲みます。ここと二は同内容ですから二も、**1**です。

問七

本文と合致するかどうかを考える問題です。こういった問いは消去法で対応するしかありませんので、ここで消去法のコツをお伝えできればと思います。消去法のコツ、それは選択肢を分解することです。不慣れなうちは句読点（。や、）にスラッシュを打つ形で分解していけばよいでしょう。

まずはイの選択肢をご覧ください。この選択肢の二行目の真ん中に読点がありますから、ここにスラッシュを入れます。そして、その後の「理想的な社会に近づくことができるのだ」に線を引きます。筆者は、人間は不完全だから、理想的な社会など作れないのだと考えていましたね。したがって、この部分が本文と合わないので、イは**2**です。

ロに移ります。まずは選択肢を読み、1行目にある読点にスラッシュを入れます。そして、その後に注目です。「そもそも不完全性を持つ人間にそのようなことを考えること自体が無理なのである」をかっこで囲み、「そのようなこと」を丸で囲みます。

この言葉がさしているのは、1行目にある「理想社会を実現」ですね。ここにも線を引いてあげましょう。

進歩主義者は理想社会の実現を考えていました。したがって、選択肢ラストの「考えること自体が無理」はおかしいです。実際に考えているのですから。したがって、ロも**2**です。

ハは傍線bの2行後、「時代の変化に応じた漸進的改革には積極的に取り組もうとするのだ」と同内容なので、**1**です。

また、ホも傍線②の次の行からと同内容なので**1**です。なお、本文中にあった「アイデンティティの獲得」と選択肢の「自分の役割を認識」はイコールです。どちらも「自分に存在価値があると感じる」という意味だからです。

最後に二を扱いましょう。1行目の真ん中にある読点にスラッシュを打ち、この前にある「「大きな政府」になると国家が再分配機能を低下させ」に線を引きましょう。42行目からを読めば、再分配機能を低下させるのは小さな政府ですから、二は**2**になります。

解答

問一　イ…軽率　ロ…習性　ハ…醸成　問二　a…おご　b…はたん　c…むびゅう　問三　5

問四　理性万能主義　問五　２　問六　イ…２　ロ…２　ハ…１　ニ…１　ホ…１　問七　イ…２　ロ…２　ハ…１　ニ…２　ホ…１

第八講　記述編①

第八講〈問題〉

次の文章を読んで、後の問に答えなさい。

第二次世界大戦後の世界では、「冷戦」と呼ばれる、アメリカを中心とする「西側」の国々と、ソ連を中心とする「東側」の国々との激しい対立が続いていた。ドイツは東西に分けられ、ベルリンには行き来を制限する「壁」が設置された。この「冷戦」時代の終わりを、「私」はドイツで過ごしていた。

私は、一九八〇年代のドイツで子供時代を過ごした。

当時私が家族と一緒に住んでいたのはキールという港町。キール市はドイツの最北エリアにある州の州都だが、人口はたった二四万人で、決して大きな町ではない。また、キールには昔から軍港があるため、第二次世界大戦中に町が空襲に遭い、昔ながらの美しい装飾の付いた家がほとんど残っておらず、他のドイツの町と比べるとかなり劣って見える。

それでも子供の私にとって、キール以外の町に住むなんて考えられなかったし、そもそも行動範囲が狭かったので、このままの暮らしが永遠に続くのだろうと思っていた。いや、そもそもそこまで考えてもいなかったろう。ドイツにも強い影響を与えた※1チェルノブイリ事故が起きたのは二歳の頃だったので、牛乳が飲めなくなったことも、雨に濡れてはいけなかったことも、外で遊べなかったことも、何一つ覚えていない。

①私の世界が変わる最初のきっかけは小学校の入学式だった。ドキドキしながら待ちに待った一九八九年のあ

る八月の日、六歳になったばかりの私はおしゃれなワンピースを着せてもらい、真新しい紫色のランドセルを背負って、自分の身長の半分以上もある「※2学校袋」をまるでトロフィーのように両手で抱えながら、両親とともに学校へ向かった。

小学校の小さな校舎の前には、同じように着飾った親子が式の始まりを待っていた。しかしよく見てみると、新入生の中には他の子供より背が高くほっそりした、青白い肌で、髪の毛がカールした男の子が二人いた。笑顔ではなかった。彼らが着ていた暗色の服装が妙にクラシカルな雰囲気で、周りの生徒の間でかなり目立っていた。少し近づいてみると、話している言葉がドイツ語ではないのがわかった。「どこの子供なんだろう？」とかなり気になった。

しかし次の日に学校に来てみても、この点に関して全く説明がなかった。彼らが兄弟であること、普通の一年生よりも年上であること、ドイツ語があまり話せないこと、何らかの事情でキール郊外に住むようになったことだけは伝え聞いたが、それ以外は一切不明だった。いつもトレーナーの上下を着ている物静かな二人は気になる存在だったが、時間が過ぎていくうち、いつの間にか謎は謎のまま日常に埋没していった。

ドイツの学校では雨の日以外、授業の間の休み時間を必ず外で過ごさないといけないルールがある。大きな砂場のような校庭でクラスメイト全員で遊ぶのだ。雨上がりの湿った土に「運河」を掘ったり、自分たちで考えたルールで鬼ごっこをしたりする。言葉なんて要らなかった。

しかしある日、担任の先生が何かの口実を使い、この休み時間に例の二人の男の子に校長のお手伝いをさせた。二人が教室を出た後、先生がこう話した。「昨日、家庭訪問で二人の家に行ってきました。あの二人は、浜の近くにある非常に狭い小屋に住んでいます。部屋の大きさは六平方メートルしかなく、家族五人で暮らしています。狭い部屋の中には三段ベッドが二つも置いてあるので、家の中ではちゃんと立つことすらできません。二人はモノもあまり持っていないけど、そんなことを気にしないで、優しく接してあげてくださいね」

②先生の話は衝撃的だった。話を聞いているうちに、二人の同級生の五人家族が肩を寄せ合いながらひっそりと暮らしている小屋の※3ヴィジョンが、鮮明に目の前に浮かび上がった。「ウチの近くで、こんな生活を強いられている人たちが住んでいるなんて!」信じられなかった。その時の私の内面では、担任の先生がいつも生徒に聞かせていた子供時代の戦争体験の話、とりわけ空襲の時に感じた不安の話が二人の同級生の現状イメージと重なったのだ。これは、「歴史」についての間接体験と身近な「現実世界」の直接体験がつながった瞬間で、③私の現実認識はわずかながら、しかし決定的に変化した。

今まで当たり前のように※4享受していた安全性と安定感が揺れ動き、子供ながら自分の生活の「脆さ」というものを初めて実感した。そして何より強く感じたのは、世界は広くて知らないものだらけだが、自分と完全に無関係なものはないらしいということだ。

一九八九年一一月九日、ベルリンの西側と東側を分けていた「壁」の検問所が開放された。その日までTVニュースには毎晩「※5DDR」や「壁」や「避難」という言葉がよく登場していたが、そもそもの意味はさっぱりわからなかった。覚えているのは、柵の向こう側に立っているたくさんの人々の青白い顔と寂しそうな表情。彼らが柵の内側、つまり、テレビカメラと私たち視聴者がいる側に行けたら自由になれるのに、それを暴力的に妨げようとする者がいること、柵を突破する途中で見つかると引きずりおろされ逮捕されるが、無事こちら側までたどりついた人々は祝福されて明るい未来に向かうらしい、という法則性は子供ながらに認識していた。

私の「冷戦時代」についての直接認識はそんな感じだ。いま思うに青白い顔の人々は、※6プラハにある西ドイツ大使館の敷地内に入って亡命を図った旧東ドイツ国民だったのだろう。

壁崩壊の直後、二人の同級生は学校に来なくなった。そして、この件についても説明は一切なかった。この二つの出来事が直接つながっている証拠は無いが、無関係とは思えなかった。

そう、これも先の話と同様、テレビを通じて知った「外部世界の人々」についての間接体験と身近な直接体験の※7シンクロだ。私はこれ以降、ものごとの背後にある関係性の※8実相に、次第に強い関心を抱くようになっていった。

これは、冷戦と壁崩壊が④幼い私の内面にもたらした「変化」である。

（マライ・メントライン「世界が変わった日」より）

※1　チェルノブイリ事故…一九八六年にウクライナ（当時はソ連の一部）のチェルノブイリ原子力発電所で起きた事故。
※2　学校袋…お菓子や小さなプレゼントの入った、アイスクリームコーンの形をした巨大な袋のこと。ドイツでは小学校入学式で必ず親からもらう。
※3　ヴィジョン…映像。
※4　享受…じゅうぶんに味わい、楽しむこと。
※5　DDR…ドイツ民主共和国（東ドイツ）の略称。
※6　プラハ…チェコスロヴァキア（現チェコ共和国と現スロヴァキア共和国）の首都。
※7　シンクロ…同調。一致。
※8　実相…本当のすがた。

問一　傍線部①「私の世界が変わる最初のきっかけ」とありますが、「きっかけ」となった出来事とはどのようなことだったのですか。「ドイツ語」という言葉を用いて、三十五字程度で説明しなさい。

問二　傍線部②「先生の話は衝撃的だった」とありますが、どのようなことに衝撃を受けたのですか。次のイ～ホの中から最も適切なものを選び、符号を書きなさい。

イ　自分の生活の身近に、貧しく不自由な生活を強いられている人たちがいたこと。
ロ　二人の同級生の五人家族が暮らしている小屋のヴィジョンが鮮明に浮かび上がったこと。
ハ　担任の先生の空襲の時に感じた不安の話により、自分の抱えている不安がかき立てられたこと。
ニ　担任の先生の戦争体験の話と二人の同級生の現状イメージとが重なったこと。
ホ　「歴史」についての間接体験と身近な「現実世界」の直接体験がつながったこと。

問三　傍線部③「私の現実認識はわずかながら、しかし決定的に変化した」とありますが、「変化」する前の「現実認識」とはどのような認識だったのですか。六十字以内で説明しなさい。

問四　傍線部④「幼い私の内面にもたらした『変化』」とありますが、「私」の「内面」はどのようになったのですか。五十字以上六十字以内で分かりやすく説明しなさい。

MEMO

第八講〈解説〉

問一

「きっかけとなった出来事」の説明を求めていますから、それとイコールの内容を考えていきます。

まずは傍線①を見つけ、「①私の世界が変わる最初のきっかけは小学校の入学式だった」をかっこで囲み、そこをお読みください。ここから、きっかけとなった出来事＝小学校の入学式だと分かりますので、これが答えです。

ただし、これだけでは字数が足りませんし、「ドイツ語」という言葉も使っていませんから、まだ不十分です。

17行目からに注目です。「小学校の小さな校舎の前には、同じように着飾った親子が式の始まりを待っていた。しかしよく見てみると、新入生の中には他の子供より背が高くほっそりした、青白い肌で、髪の毛がカールした男の子が二人いた。笑顔ではなかった。

彼らが着ていた暗色の服装が妙にクラシカルな雰囲気で、周りの生徒の間でかなり目立っていた。少し近づいてみると、話している言葉がドイツ語ではないのがわかった」をかっこで囲み、そこをお読みください。ここから、**入学式で、ドイツ語ではない言葉を話す二人の男の子を見た**のだと分かりますから、その内容を付け加えて満点の解答となります。

問二

まずは設問の「どのようなことに衝撃を受けたのですか」というところに線を引きます。

ここから、「衝撃を受けたこと」の説明を求めているのだと分かりますので、それとイコールの内容を考えていくことになります。

傍線②「先生の話は衝撃的だった」をお読みください。ここから、衝撃を受けたこと＝先生の話だと分かります。「先生の話」を丸でかこんでおきましょう。

では、先生の話とは何なのでしょうか。30行目からを読み、「先生がこう話した。『昨日、家庭訪問で二人の家に行ってきました。あの二人は、浜の近くにある非常に狭い小屋に住んでいます。部屋の大きさは六平方メートルしかなく、家族五人で暮らしています。狭い部屋の中には三段ベッドが二つも置いてあるので、家の中ではちゃんと立つことすらできません。二人はモノもあまり持っていないけど、そんなことを気にしないで、優しく接してあげてくださいね』」をかっこで囲んでください。

ここから、先生の話とは「二人組の男の子は貧しい暮らしをしている」という話なのだと分かります。したがって、この内容と合致する**イ**が答えです。

問三

まずは設問を読み、「変化する前の現実認識とはどのような認識だったのですか」に線を引きます。

ここから、「変化する前の現実認識」の説明を求めているのだと分かりますから、それとイコールの内容を考えていきます。

傍線③の直後からを読み、「今まで当たり前のように※4享受していた安全性と安定感が揺れ動き、子供ながら自分の生活の「脆さ」というものを初めて実感した。そして何より強く感じたのは、世界は広くて知らないものだらけだが、自分と完全に無関係なものはないらしいということだ」をかっこで囲んでください。

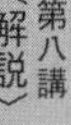

そのうえで、「当たり前のように※4享受していた安全性と安定感が揺れ動き、子供ながら自分の生活の「脆さ」というものを初めて実感した」に線を引きます。これは変化後の認識です。したがって、ここをひっくり返せば変化前の認識になりますので、「変化する前の現実認識＝自分が享受している生活は、安全で安定している」です。これが答えです。

また、かっこで囲んだ部分の後半にあたる「世界は広くて知らないものだらけだが、自分と完全に無関係なものはないらしい」にも線を引いてください。ここも変化後の認識ですから、ひっくり返せば変化前の認識になります。したがって、「変化する前の現実認識＝広くて知らないものだらけの世界は、自分と無関係である」となります。ここも答えの要素です。この二点をまとめて満点の答え、ということでした。

問四

まずは設問を読み、「私の内面はどのようになったのですか」に線を引きます。

ここから、「私の内面」とイコールの内容を書けばよいのだとわかります。それでは、傍線④の前からを読み、「ものごとの背後にある関係性の※8実相に、次第に強い関心を抱くようになっていった。これは、冷戦と壁崩壊が④幼い私の内面にもたらした「変化」である」をかっこでかこみます。そして、「これ」を丸で囲んでください。ここから、「私の内面＝ものごとの背後にある関係の実相に関心を抱いている」だと分かりますから、これが答えです。

ただし、これだけでは字数が足りませんから、なぜ関心を抱くことになったのかを書き加えるとよいでしょう。「間接体験と身近な直接体験の※7シンクロだ。私はこれ以降、ものごとの背後にある関係性の※8実相に、次第に強い関心を抱くようになっていった」に線を引き、「これ」を丸で囲みます。ここから、関心を抱いた理由は「間接体験と身近な直接体験のシンクロ」だと分かります。以上の内容をまとめて満点の解答です。

解答

問一　④小学校の入学式で、③ドイツ語ではない言葉を話す③二人の男の子を見たこと。

問二　イ

問三　②自分が享受している生活は、③安全で安定しており、②広くて知らないものだらけの世界は、③自分と無関係であるという認識。

問四　②間接体験と②身近な直接体験の②シンクロによって、④ものごとの背後にある関係の実相に関心を抱くようになったというもの。

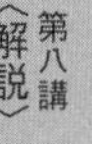

MEMO

第九講　記述編②

第九講〈問題〉

次の文章を読んで、後の問に答えなさい。

箒を逆さに立てるとお客さまが早く帰るというお呪いを知っている人は、今日では本当に少ないと思うが、考えてみれば、来客というのは心ときめくものである反面、妙に気疲れするものでもある。客は、家族や身内の人々と飲食を共にし、一緒に楽しんでいる。その限りで、客は私たちの側の、身近な存在である。しかし、客は私たちと日常の生活までをも共にしているわけではない。それは、あくまでも私たちの日常の外からやってきて、一時的に滞在する者である。

私たちの内部に一時的に滞在する外部の存在である客は、それゆえ私たちにとって一種の異物である。お客さまの、①この微妙にすわりの悪い二重性は、実は、古くから日本人が了解してきた神さまのあり方の根っこを暗示している。

遠来の思いがけない来客を迎えるとき、②私たちの日常は、一転して新鮮な雰囲気に包まれる。お客さん用のご馳走が出され、迎える私たちも普段とは違った豪華な食事にありつける。普段自分たちのためには決して買わないような品物が惜しげもなくやり取りされ、客のもたらす珍しい話は、日常の退屈を破って新鮮な活気を私たちの生活に吹き込んでくれる。来客を迎えるときめきは、私たちの日常の風景が一新するそのことへの期待に他ならない。

しかし、来客が私たちの日常を一瞬でも変容させる刺激をもたらすことができるのは、そもそも客が私たちの外から来る、私たちとは異なる何者かであるからに他ならない。外からやって来ること、言いかえれば、私たちの側からは見通すことのできない、ある種の暗さ、不透明性を背負っているからこそ、私たちの日常の風景は来客によって反転しうるのである。お客さまは、気のおける存在であるからこそ、私たちの日常に活気をもたらすのだといえる。

客という存在の持つこの微妙な二重性は、有難いものでありつつ、どこか測り知れない奥深さを持つ、神さまの性格と正しく対応している。生活に豊かさや活力をもたらす魅惑的なありようと、一方で私たちの日常そのものを崩壊させかねない測り難い不気味さという神さまの両義的性格は、神が外からやって来る客であるということと直接に結びついているように思われる。

神さまは、外からやって来ることにおいて、私たちの日常のどこかにひびを入れている。しかし、まさにそのことによって私たちの生活は新たな活力を得てもいるのである。この危険と期待、迷惑と楽しみの交差にあるのが、来客への接待なのであり、したがって神への※祭祀の場なのである。楽しみながらも、どこかで相手の顔色をうかがいながら、場合によっては追い返してでもお帰りいただく。そういう接待の場の底深い雰囲気が、私たちにとって神とはどういう存在であるかを確かめる手がかりとなるのである。

子どもの頃、外で遊び回って帰ってきて勢いよく玄関から飛び込み、大声で「ただいま」と叫んだ瞬間、何か様子がおかしくて一瞬戸惑った、そういう記憶をお持ちの方は多いだろう。そういう時、たいていは母親がそっと障子の向こうから顔を出し、「今、お客様が来ているの」とささやく。

その一言で子ども心は、奥深い何かを即座に了解したのではなかろうか。子どもが感知した、家の中に漂う言うにいわれぬこの雰囲気にこそ、神さまの経験の根っこがある。子ども心が感知したように神は第一義的に、見慣れた日常の風景の変容・反転として経験される。見慣れた景色の反転としてあらわれているもの、あるいはその反転をもたらしたと思われるところのものこそが、神なのである。

子どもは、我慢しなければならない。来客のあいだ中、子どもは、静かに、おとなしくしていることを求められる。きちんと挨拶もしなければならない。もちろん、小遣いを貰ったり、お土産を渡されたりと、楽しいこともいろいろあろう。それでも、結局子どもは、お客さまが帰るまで、我慢して待たなければならない。お客さまが辞去すると、たちまち子どもは、そして親も、いつもの姿を取り戻す。言葉遣いも普段に返り、何よりも家の中の空気が、いつものそれに戻る。

③反転していた日常の風景が、再び反転して、いつもの風景に戻るのである。そして、もしかすると私たちは、本当は客が帰ったあとのこの解放感の「楽」をこそ待っていたのかもしれないのである。

客をもてなし、共に談笑する時間は、したがって反転した景色が再び見慣れた景色へと戻るのを待つ時間でもある。反転した日常は、いつかはもとの日常に戻らなければならない。神と人々のかかわりとは、この、もてなしつつ待つことに他ならない。客とともに、神とともにある一種の興奮に彩られた待つ時間は、私たちが普段何気なく営んでいる日常の生のありようを、その回復への期待とともにそれとしてはっきりと思い出させる。

私たちは、待つ時間の中で、私たちの普段の生が何であったのかを自覚的に確認する。風景の反転の中に直観される神は、私たちの日常をあらためてそれとして確かめさせるところの、しかも私たちの日常の外部にある何者かである。

（菅野覚明『新道の逆襲』より）

※　祭祀…「祭り」と同じ。

問一　傍線部①「この微妙にすわりの悪い二重性」とあるが、これを六十字以内でわかりやすく説明しなさい。（句読点も一字に数えます。以下の設問も同様です。）

問二　傍線部②「私たちの日常は、一転して新鮮な雰囲気に包まれる」とあるが、これは客がどのようなものだからですか。八十字以内で説明しなさい。

問三　傍線部③「反転していた日常の風景が、再び反転して、いつもの風景に戻るのである」とあるが、どういうことですか。具体的に、百字程度で説明しなさい。

第九講〈問題〉

第九講〈解説〉

問一

傍線①の説明を求めている問題ですから、傍線①とイコールの内容を書いていくことになります。

まずは傍線①の「二重性」を丸で囲みましょう。これとイコールになる記述を探していくのです。それでは、2行目の「来客というのは心ときめくものである反面、妙に気疲れするものでもある」に線を引いてください。これはまさに「二重性」ですから、これを書くことになります。ただし、これだけでは字数が足りませんし、他にも二重性とイコールになる記述があったので、まだ不十分です。


次に傍線①の直前にある「客は私たちの側の、身近な存在である。しかし、客は私たちと日常の生活までをも共にしているわけではない。それは、あくまでも私たちの日常の外からやってきて、一時的に滞在する者である。私たちの内部に一時的に滞在する外部の存在である客は、それゆえ私たちにとって一種の異物である」という記述をかっこで囲み、「身近な存在」・「日常の外からやってきて」・「一種の異物である」に線を引いてください。

身近なのに、外部から来る異物でもあるのですから、これも二重性ですね。したがって、ここも書き加えて満点ということになります。

問二

まずは設問を読み、「客がどのようなものだからですか」に線を引きます。

ここから、この問題は傍線②の理由を聞いている問題であり、かつ答えは客についての記述なのだと分かります。この問題は、傍線②とイコールの内容を見つけ、それの理由を考えていくというアプローチで対処するのですが、とりあえず実際にやってみましょう。

傍線②の「一転して新鮮」を丸で囲みます。そして、14行目の「私たちの日常を一瞬でも変容させる刺激をもたらす（Xと置きます）」に線を引きましょう。ここも傍線②も「雰囲気が一気に変わる」という内容ですから、イコールになります。

そして、いま線を引いたXからを読み、「客が私たちの外から来る、私たちとは異なる何者かであるからに他ならない（Yと置きます）」をかっこで囲みます。このYが、線を引いたXの理由になっています。これで、次の式を立てられます。

傍線② ＝ X
Xの理由はY
⇒ 傍線②の理由はY

要するに、傍線②とXは同じものなのだから、理由も同じであるということです。これでYが答えだと分かりました。他にも答えの要素はあるのですが、それらも、このような「まずイコールの内容を見つける」というアプローチで攻めていくことになります。

今度は15行目以降を読み、「私たちの日常の風景は来客によって反転しうるのである」に線を引きます。ここも日常が一気に変わるという内容ですから、傍線②とイコールです。そして、いま線を引いたところの前からを読み、「私たちの側からは見通すことのできない、ある種の暗さ、不透明性を背負っている」をかっこで、「からこそ」を丸で囲みましょう。

「からこそ」は後ろの理由が前にある時に用いる言葉ですから、かっこで囲んだところこそが、線を引いたところの理由なので、傍線②の理由でもあるわけです。ですから、これを書く必要があります。

まだもう一要素必要な記述がありますので、お付き合いください。17行目を見て、「私たちの日常に活気をもたらすのだ」に線を引きます。ここも「日常が一気に変わる」という内容なので、傍線②とイコールです。そして、ここの直前を見て「気のおける存在である」をかっこで、「からこそ」を丸で囲みます。

先ほどと同じ展開ですね。かっこで囲んだところが線を引いたところの理由ですから、傍線②の理由でもあるのです。したがって、これも書いて、ようやく満点ということでした。

問三

傍線③の説明を求めているので、これとイコールの内容を考えていきます。

まずは傍線③を見て、前半の「反転していた日常の風景」をかっこで囲み、Xと置きましょう。そして、後半の「再び反転して、いつもの風景に戻るのである」をかっこで囲み、Yと置いてください。

この後、X・Yそれぞれとイコールの内容を考えてくことになります。傍線部を分けて、それぞれとイコールの内容を考え、それらをつなげて傍線とイコールの内容を考える。こういった解き方をブロック分けと呼びます。このブロック分けを使って解いていきます。

まずはXの「反転していた日常の風景」とイコールの内容から考えていきます。

35~36行目を読み「来客のあいだ中、子どもは、静かに、おとなしくしていることを求められる。きちんと挨拶もしなければならない」をかっこで囲みます。ここと X はどちらも「日常ではなくなっている」という内容ですから、イコールです。したがって、まずはこれを書くことになります。

次にYの「再び反転して、いつもの風景に戻るのである」とイコールの内容を見つけます。

37~39行目を見て、「お客さまが辞去すると、たちまち子どもは、そして親も、いつもの姿を取り戻す。言葉遣いも普段に返り、何よりも家の中の空気が、いつものそれに戻る。」をかっこで囲んでください。

こことYはどちらも「日常が戻ってきた」という内容なのでイコールです。したがって、ここを書き加えて満点の答案になります。

解答

問一　②心ときめくものである反面、②妙に気疲れするものであったり、②身近な存在でありながら、②日常の外からやってくる②異物であること。

問二　②客が私たちの外から来る、②私たちとは異なる何者かであり、②私たちの側からは見通すことのできない、②ある種の暗さ、不透明性を背負っている、②気のおける存在であるから。

問三　①来客によって、②静かに、おとなしくしていることを求められたり、②きちんと挨拶もしなければならなくなったりするが、①お客さまが辞去すると、②言葉遣いも普段に返り、②何よりも家の中の空気が、いつも通りに戻るということ。

第十講　発展編

第十講〈問題〉

次の文章を読んで、後の問いに答えなさい。

文学に「未来」はあるかといった問いに対しては、答えはないという答え以外にはありえない。「未だ来たらざるもの」をめぐってどんな想像をめぐらせようと、到来する現実は想い描かれたイメージを必ず裏切るに決まっている。「未来」という観念の抽象性を乗り越えるには、たぶんその裏切りを承知のうえで、抽象的な構想力をぎりぎりまで突き詰めつつ、実現可能性とは別の次元に位置する確率論的な潜勢態を、一つのなまなましいフィクションとして提示するといった途を選ぶほかはあるまい。問題は、二一世紀初頭の現在において、そんなフィクションすらわれわれの言説空間から[1]フッテイしつつあるということなのだろうか。

わたしは先日、ギュンター・グラスの『ブリキの太鼓』（高本研一訳、原著は一九五九年刊）を二〇年ぶりに読み返し、それが作家が生涯に一作だけしか書けないような力作であることを改めて確認したが、と同時に、語りの仕掛けの［甲］のような部分が奇妙に古めかしく映ることにやや当惑せざるをえなかったものだ。グラスの傑作は、金切り声によって周囲のガラスをすべて割ってしまう小人という突拍子もない仮構を設定することで、現代ドイツ史の全体を小説的想像力という胃袋の中で丸ごと咀嚼してみせた壮大な野心作だ。しかしそれはそれとして、主人公オスカルと看護人ブルーノという二つの話者の間を往還する説話装置の、一九五九年当時にはフランスのヌーヴォー・ロマンなどとも共鳴し合う刺激的な試みとして文学世界を眩惑したに違いない「新しさ」が、今となっては既視感に染まった風景の内部に小ちんまりと収まってしまっているのを認めて、何やら無惨な印象を受けたのである。『悪霊』だの『従妹ベット』だの『荒涼館』だのを読み返しても感じることはないこの無惨さを前にするとき、[A]「未来」をめぐってフィクションを構築することに今われわれはいよいよ臆病たらざるをえない。しかし、かと言って、ドストエフスキーやバルザックやディッケンズの途方もない面白さに今ふたたび「未来」を透視するといった倒錯した宿命論の側につくわけにはいかないのもまた、自明ではないか。

答えのありえない問いをめぐってそんな無益な想いを種々にめぐらせるうち、しかしまたしてもあの如露（じょうろ）が、ふとわたしの頭に浮かんでくる。「たとえば、また別の日の夕ぐれ、胡桃の木の下に、庭師の徒弟が置き忘れた、半分水の入った如露を見つける、この如露と、木の影に蔽（おお）われて小暗くかげる、その中の水と、水の面を、暗い一方の岸から他方の岸へと泳いでいるげんごろうと、こうした取るに足らぬものの組み合わせが、無限なる存在の現前をありありと感じさせながら、ぼくを総毛立たせる、髪の毛の根元から踵の骨の髄に到るまで、ふるえおののかせる、その結果ぼくは、何ごとか叫びださずにはいられない気持ちになってくる」（ホフマンスタール『チャンドス卿の手紙』川村二郎訳、原著は一九〇二年刊）。

若い頃この戦慄的な小説を読んで以来、私は小暗くかげったこの水面と、その中をすいとおよぐげんごろうのイメージに取り憑かれてしまった。今でもときおり「半分水の入った如露」の映像が何の[2]ミャクラクもなく頭をよぎることがあって、ややもすれば、暗がりに置かれたそんな如露の中を覗きこみ、水棲昆虫が蠢（うごめ）いているのを見出したといった体験が、子どもの頃のわたし自身の身に実際に起こったことであるような気さえするほどだ。ホフマンスタールの主人公は、日常世界のささやかな細片を前にして恍惚と恐怖とがないまぜになった昂ぶりを覚え、激しく震撼されるのだが、問題は、その昂ぶりが文字通り「名状しがたい」ものであること、つまり彼から［乙］が奪われてしまっていることなのである。

「精神」「魂」「肉体」といった「抽象的な言葉」が、「ぼくの口中で腐った茸のように砕け散ってしまったのです」

とまず彼は言う。その失語状態はさらに昂進し、「言葉がちりぢりばらばらにぼくの周囲を浮かびただよい、凝固して目となると、ぼくをひたと見据える。ぼくはぼくで、その目をじっと見返すよりほかない。それらは見下ろせば目もくらまんばかりの渦巻きなので、その[3]センカイはいつはてるともなく、そしてこれを突き抜けた先には空無が広がっているばかりなのです」という地点まで至り着く。

わたしが言葉を見つめるのではない、言葉の方が高圧的な瞳と化してわたしをじっと凝視してくるというこの強迫体験をめぐって展開されるホフマンスタールの記述は、何とも恐ろしいと言うほかない。

この渦巻き、この空無を前にした動揺から始動した二〇世紀文学は、たぶんこの動揺に未だ十全な解決を与えていない。二〇世紀の科学文明は、貴族的な都市生活者たちのつきあたった問題を解決するに至らなかったのである。「文学の不振」というジャーナリズムの紋切型を尻目に、今日なお数多の作品が書かれ、発表されているが、それらは、それが小説か詩かということとも無関係に、厳密に二つに分けることができる。

[B]チャンドス卿の神経症の発作を内包し、そこから出発して書かれている作品が一方にあり、それとは無縁の作品が他方にある。前者をかたちつくる言葉はこの渦巻き、この空無の接近に脅えて弱々しく震えており、後者を織りなす言葉は作者という主体に統御されて――その統御ぶりの上手下手はともかく――安定した秩序の内部に収まっている。文学の「未来」は、たぶん依然として前者のうちに胚胎されているだろう。

チャンドス卿はさらに言う――「いずれにしても、書く手だてとしてばかりでなく、考える手だてとしてぼくに与えられているらしい言語は、ラテン語でもなければ英語でもなく、イタリア語でもなければスペイン語でもなく、単語の一つすらぼくには未知の言語ですが、その言葉を用いて物いわぬ事物がぼくに語りかけ、その言語によってぼくは、いつの日か墓に横たわる時、ある未知の裁き手の前で申しひらきをすることになるだろうと思うのです」。この一節に「日本語でもなく」とさらにひとこと付け加えれば、それがそのまま、今わたし自身が「未来」をめぐって辛うじて紡ぎ出しうるみすぼらしいフィクションの、とりあえずの粗描ということとなろう。

（松浦寿輝『青の奇蹟』による）

問一　本文中には、論旨の展開からいって不適当な文が一つ挿入してある。それはどれか。その文の最初の三字と最後の三字を記せ（句読点等も一字と数える）。※難問。解けなければとばしてもよい。

問二　空欄［甲］に入る最も適当な表現を次の中から一つ選び、その記号の記入欄にマークせよ。

イ　宿命的な倒錯性
ロ　前衛的な実験性
ハ　抽象的な日常性
ニ　刺激的な反動性

問三　傍線部A「『未来』をめぐってフィクションを構築することに今われわれはいよいよ臆病たらざるをえない」とあるが、その理由として最も適当なものを次の中から一つ選び、その記号の記入欄にマークせよ。

イ　『ブリキの太鼓』の未来的だったはずの方法が既視感の内部に収まってしまったため。
ロ　『ブリキの太鼓』が現代ドイツ史という、未来よりも過去を志向した作品だったため。
ハ　『ブリキの太鼓』の新しさよりも、『悪霊』などの面白さに未来への可能性が感じられるため。
ニ　『ブリキの太鼓』に感じられるような未来の小説的想像力が『悪霊』などには感じられないため。

問四　空欄［乙］に入る最も適当な漢字二字の語句を、＊印をつけた箇所よりも前の部分から選び、本文中から抜き出して記せ。

問五　傍線部Ｂ「チャンドス卿の神経症の発作を内包し、そこから出発して書かれている作品」の内容として最も適当なものを次の中から一つ選び、その記号の記入欄にマークせよ。

イ　「未来」をめぐって辛うじて紡ぎだされるような作品。

ロ　事前に想い描かれたイメージを必ず裏切るような作品。

ハ　作者という主体に統御されて安定した秩序をもつ作品。

ニ　文学の「未来」が胚胎されている可能性をもった作品。

問六　次の中から本文の論旨と合致するものを一つ選び、その記号の記入欄にマークせよ。

イ　文学の「未来」は、想い描かれたイメージへの裏切りを承知のうえで、確率論的に構想される作品の中にあるだろう。

ロ　文学の「未来」は、突拍子もない仮構や小説的想像力にあふれた作品の、奇妙な古めかしさの中から出現するだろう。

ハ　文学の「未来」は、それが倒錯した宿命論であろうとも、途方もない面白さをもった作品から再び現れるだろう。

ニ　文学の「未来」は、ラテン語でも日本語でもない未知の言語の、みすぼらしいフィクションの中に現れるだろう。

ホ　文学の「未来」は、失語状態にある空無を前にした動揺から出発して書かれている作品の中から見出されるだろう。

問七　傍線部1〜3の太字のカタカナの部分を漢字に直せ（漢字は楷書ではっきり書くこと）。

MEMO

第十講〈解説〉

問一

なかなかの難問でした。省こうとも思ったのですが、伝えておきたいこともあるので残しました。まずは40行目からを読み、「二〇世紀文学は、たぶんこの動揺に未だ十全な解決を与えていない」をかっこで囲みます。そして、「二〇世紀文学」「解決を与えていない」に線を引きます。

次に、今かっこで囲んだところの直後を読み、「二〇世紀の科学文明は、貴族的な都市生活者たちのつきあたった問題を解決するに至らなかったのである」をかっこで囲み、「二〇世紀の科学文明」・「解決するに至らなかった」に線を引き、「のである」に波線を引いてください。

「のだ・のである」といった言葉は、直前を言い換えたときに使う言葉です。（例　彼はかっこいい、イケメンなのだ）言い換えということは、イコールになるということですね。もちろん、断定するときに使うこともあるのですが、「のだ・のである」で終わっている文章を見たら、「直前とイコールになってないかな？」と疑ってみてください。

さて、今回かっこで囲んだ二つはどうでしょうか。まず、二つ目のかっこは「のである」で終わっています。また、線を引いてもらいましたが、どちらも「解決していない」と書かれていました。したがって、両者はイコールになるはずです。しかし、前半は「二〇世紀文学」とあり、後半は「二〇世紀の科学文明」とあります。これではイコールになりません。どちらかに統一されているはずです。今回の文章は文学についてですから、後半がおかしいということになります。したがって、「二〇世…ある」が答えになります。

問二

空欄甲に入る言葉を聞いている問題でした。まずは直後を読み、「甲のような部分が奇妙に古めかしく映ること」をかっこで囲みましょう。そのうえで「古めかしく映る」に線を引きます。ここから、空欄甲＝古めかしく映るものなのだと分かります。では、何が古めかしく映るのでしょうか。14行目に「既視感」とあります。これを丸で囲んでください。この言葉は「前にも見たことがあるなあ」という意味ですから、「古めかしく映る」ことを表しています。それでは、この「既視感」の前後を見て、古めかしく映るものが何だったのか考えていきましょう。

「一九五九年当時にはフランスのヌーヴォー・ロマンなどとも共鳴し合う刺激的な試みとして文学世界を眩惑したに違いない「新しさ」が、今となっては既視感に染まった風景の内部に小ちんまりと収まってしまっているのを認めて」をかっこで囲み、「一九五九年当時」「刺激的な試み」に線を引きます。ここから、一九五九年の時点では刺激的だった試みが、古めかしく映るのだと分かります。

その内容を捉えているのはロの「前衛的な実験性」です。刺激的であることを「前衛的な」という言葉が、試みであることを「実験性」という言葉が表しています。なお、二は「試み」にあたる内容がありませんので、不適切です。

問三

傍線Aの理由を聞いている問題でした。まずは傍線Aの直前からを読み、「この無惨さを前にするとき、A「未来」をめぐってフィクションを構築することに今われわれはいよいよ臆病たらざるをえない」をかっこで囲み、

「この無惨さを前にする」を丸で囲んでください。なぜ傍線Aで臆病たらざるを得ないと述べられているのでしょうか。「この無惨さを見たから」ですね。

先ほども印をつけていただきましたが、12行目からを読み、「一九五九年当時にはフランスのヌーヴォー・ロマンなどとも共鳴し合う刺激的な試みとして文学世界を眩惑したに違いない「新しさ」が、今となっては既視感に染まった風景の内部に小ちんまりと収まってしまっているのを認めて、何やら無惨な印象を受けたのである」をかっこで囲んだうえで、「一九五九年当時」・「刺激的な試み」・「既視感に染まった」・「無惨な印象」に波線を引いてください。

一九五九年ということは、昔です。そして、既視感という言葉は古めかしく映ることを表しているのでした。ここから、この無惨さは、「かつての刺激的な試みが、古めかしく映ってしまう」ことだと分かります。その内容を捉えているのはイなので、イが答えです。この選択肢の「未来的」は、刺激的だという内容を表しています。

問四

空欄乙に入る言葉を聞いている問題です。まずは31行目からを読み、「『名状しがたい』ものであること」をかっこで囲みます。そして、「つまり」を丸で囲み「名状しがたい」・「乙が奪われた」に線を引きましょう。「つまり」の前後はイコールですから、乙が奪われた＝名状しがたいになります。なお、「名状しがたい」は言葉にできないという意味です。したがって「乙が奪われた＝言葉にできない」となりますから、答えは言葉です。

問五

傍線Bと同内容の選択を答える問題です。同内容ということは、イコールということですね。まずは傍線Bからを読み、「Bチャンドス卿の神経症の発作を内包し、そこから出発して書かれている作品が一方にあり、それとは無縁の作品が他方にある。前者を」をかっこで囲み、「それとは無縁の作品」・「前者」を丸で囲みます。

まず傍線Bがあり、次に「それ（チャンドス卿の発作のことです）とは無縁の作品」が出てきます。したがって、「前者」がさしているのは、先に出てきた傍線Bです。要するに、傍線B＝前者だったということです。では、前者とは何なのでしょうか。傍線Bの二行後にも「前者」という言葉が出ていますから、ここにも丸を付けて、前後を読み、「文学の「未来」は、たぶん依然として前者のうちに胚胎されているだろう」をかっこで囲みます。

ここから、前者＝文学の未来を胚胎しているだろう作品だと分かります。傍線B＝前者で、前者＝文学の未来を胚胎しているだろう作品ですから、傍線B＝文学の未来を胚胎しているだろう作品になります。三段論法ですね。以上より、その内容をおさえている二が答えです。

問六

この問題は、問五を真剣に解いていれば簡単に解ける問題です。傍線Bは「チャンドス卿の発作から始まる作品」という内容でした。そして、それは「文学の未来を胚胎しているだろう作品」でした。この流れと同内容の選択肢が、ホになります。この選択肢の真ん中にある「失語…作品」に線を引きましょう。ここが傍線Bの内容を表しています。また、ホの頭にある「文学の未来」と後半にある「見出されるだろう」を丸で囲みます。ここが、「文学の未来を胚胎している」という内容になります。以上より、ホが答えです。

解答

問一　二〇世…ある。　問二　ロ　問三　イ　問四　言葉　問五　二　問六　ホ　問七　1…払底　2…脈絡　3…旋回

◆著者プロフィール

長島 康二（ながしま こうじ）

読解ラボ東京 代表

学生時代より予備校の教壇に立ち、現在も大学受験予備校・有名私立高校で最上位生から基礎クラスまで担当している。あやふやで、「なぜそれが答えになるのか？」と疑問が残る国語の授業が多い中で、文章の読み方や問題の解き方を体系化することにより、確固たる得点力を養成する授業を展開。ロジカルな思考から繰り出される「本当に納得できる授業」は圧倒的な支持を得ており、毎年定員による締め切り講座が続出している。

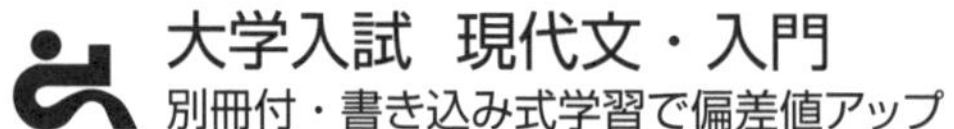

大学入試 現代文・入門
別冊付・書き込み式学習で偏差値アップ！

2020年4月1日 初版第1刷発行

著 者 長島 康二
発行者 池田 雅行
発行所 株式会社 ごま書房新社
〒101-0031
東京都千代田区東神田1-5-5
マルキビル7F
TEL 03-3865-8641（代）
FAX 03-3865-8643
カバーデザイン （株）オセロ 大谷 治之
本文DTP 海谷 千加子（ごま書房新社）
印刷・製本 精文堂印刷株式会社

ISBN978-4-341-13263-7 C7081

大学入試
現代文・入門

書き込み用別冊

第一講　基礎編①〈問題〉

次の文章を読んで、後の問いに答えなさい。

　スポーツの世界で一つ興味深いのは、大相撲における行司の存在です。日本相撲協会が出している『公認相撲規則』の「審判規則」によれば、この行司はルールに則り、勝ち負けの判定を下すことになっています。そしていかに判定の［①］な局面を前にしても、どちらかの力士に勝ちを宣して*軍配を上げなくてはならない義務が彼には課されています。つまり、卓球やバレーボールの審判は*《レット》や《ノーカウント》のコールをしてプレーのやり直しを命じることができるのに対し、相撲の行司には《*同体》や《取り直し》の宣告をする権限はまったく認められていません。②行司が置かれたこうした立場に、プロの審判としての厳しさを見ることも可能でしょう。実際、大相撲の行司は、勝負判定の材料となるどのように小さな出来事をも見逃してはならないのです。

　ところで私の意見では、この行司を審判としてでなく、ともすれば単調で泥臭くなりがちな相撲に花を添える、その名のとおり《儀式を司る人》と見るのが適当なように思われます。相対する力士が仕切りの姿勢をとるとき、③あのきらびやかな装束に身を固めた行司がそこにいなければ、またその行司が「ハッキョイ」「残った」の掛け声をかけるのでなければ、本場所の雰囲気があれほどの盛り上がりを見せることはまずないでしょう。

　なるほど行司は判定を下します。しかし彼のその判定は、土俵下に控える複数の勝負検査役（相撲規則では審判委員と呼ばれる力士*ＯＢ）から*疑義の出されない限り、つまり彼らの同意が得られる限りにおいて効力をもつのであり、この意味において行司は実際の審判でなく、④審判を代行的に《演じている人》ということになります。

もちろん、こう述べたからといって、プロの勝負判定者としての行司の名誉を傷つけることにはならないでしょう。みずからの判定が覆されることのないよう、つまり⑤彼自身に黒星がつけられることのないよう、行司もまた勝敗の行方を正しく見極めなければならないことに変わりはありません。こうして⑥行司はいずれかの力士に軍配を上げます。それは本質において大相撲に花を添える、あくまでも儀式の一環としての行為にすぎないものですが、また同時に、大勢の観客や勝負検査役、それに土俵下にいる現役の控え力士をも納得させる、実質・客観の意味内容を備えたものでもなければなりません。行司は力士出身、つまりは相撲界のＯＢではありません。相撲の勝負判定は複数の人間によって行われるべきだとの考えがあるにしても、要するにこの力士ＯＢでないという事実が、行司に最終審判としての実権が与えられないことの最大の理由ではないでしょうか。

ところで右にも述べたように、客観的に見てたとえ同体であっても、行司はいずれかの力士に軍配を上げなくてはなりません。「審判規則」がそれを要求しています。このことは、いわゆる《*物言い》の*出来が避けられない性格のものであることを、一つには示しています。ただ、それでは⑦なぜ行司には、はじめから自分で《レット》とか《ノーカウント》とかの宣告をして、取り直しを命じる権限が認められないのでしょうか。たとえ最終的な実権をもたない行司が《ノーカウント》の宣告をしても、それに疑義のある勝負検査役がそこで《物言い》をつけて新たな判定を下せば、それで何の不都合もないのではないでしょうか。

ここにおいて再び私たちは、行司は［⑧］という、先ほどの認識へと立ち戻らなければなりません。行司がどのような身振りのなかで《ノーカウント》を宣告するにしても、それでは相撲が絵にならず、観客は拍子抜けした感じを味わうばかりとなります。それゆえプロレスのレフリーとはまたちがった意味合いにおいて、大相撲の行司もまた、ショーとしての一面を備えるプロ・スポーツを側面から盛り立てるための、一人の演技者であるということになります。

（守能信次『スポーツルールの論理』より）

※　軍配……相撲で行司が判定を示すのに使う、うちわのような道具。
※　《レット》や《ノーカウント》……「レット」はネットに触れて入ったサーブのこと。「ノーカウント」は得点として数えないこと。
※　同体……相撲で、両力士が同時に、倒れたり、土俵の外に出たりしたとする判定のこと。
※　ＯＢ……その組織に以前に属していた人。
※　疑義……判定に対して疑うこと。
※　物言い……判定に対して疑問や反対意見を出すこと。
※　出来……物事が起こること。

問一　①に入る言葉として最も適切なものを次の中から一つ選び、番号で答えなさい。

1 困難　2 明白　3 容易　4 可能

問二　―線②「行司が置かれたこうした立場」とありますが、どういう立場ですか。最も適切なものを次の中から一つ選び、番号で答えなさい。

1　《同体》や《取り直し》の宣告をしても、それが判定として認められないという立場。
2　卓球やバレーボールの審判と同様にプロとしての厳しさが求められるという立場。
3　勝負判定の材料となるどのような小さな出来事をも見逃してはならないという立場。
4　どんな場合でも、どちらかの力士の勝ちを宣告しなければならないという立場。

問三　―線③「あのきらびやかな装束に身を固めた行司」とありますが、筆者はこのような行司を、どういう存在だと考えていますか。次の□に入る言葉を、本文中から五字で書きぬいて答えなさい。

相撲の本場所の雰囲気に□存在。

問四　―線④「審判を代行的に《演じている人》」とありますが、実際の審判はだれなのですか。本文中から八字で書きぬいて答えなさい。

問五　―線⑤の「彼自身に黒星がつけられること」とありますが、どういうことですか。本文中から十字以上十五字以内で書きぬいて答えなさい。

問六　―線⑥「行司はいずれかの力士に軍配を上げます」とありますが、軍配を上げる際にはその判定がどのようなものであることが必要ですか。本文中から十六字で書きぬいて答えなさい。

問七　―線⑦「なぜ行司には、はじめから自分で〜取り直しを命じる権限が認められないのでしょうか」とありますが、

（1）

行司が《ノーカウント》の宣告をした場合、見ている人はどんな感覚を味わいますか。本文中から八字で書きぬいて答えなさい。

（2）

筆者は行司に取り直しを命じる権限が認められていないのは、なぜだと考えていますか。次の空欄に入る言葉を本文中から十九字で探し、書きぬいて答えなさい。

行司に与えられているのは、大相撲を［　　］としての役割だから。

問八　［⑧］に入る言葉を、本文中から六字で書きぬいて答えなさい。

第二講　基礎編②〈問題〉

次の文章を読んで、後の問いに答えなさい。

二〇〇三年に大ヒットした、SMAP（スマップ）の「世界に一つだけの花」（作詞・作曲　槇原敬之（まきはらのりゆき））という歌を聴いたことがあるでしょう。私には、この曲の歌詞には、この本が理想とする人間観を考えるためのヒントが隠れているように思えます。

とくに「そうさ僕らは世界に一つだけの花／一人一人違う種を持つ／その花を咲かせることだけに／一生懸命になればいい／小さい花や大きな花／一つとして同じものはないから／No.1（ナンバーワン）にならなくてもいい／もともと特別な*Only one（オンリーワン）」というくだりは、この本の出発点としたい箇所です。なぜなら、①この歌詞のように、「私」という個人は、互いに置き換えることのできない「独自性」をもって生きているからです。

まず、人間の身体は、それぞれ異なった組み合わせをもつDNA（デオキシリボ核酸）と呼ばれる遺伝情報を担う物質によって規定されています。そして最近の研究によって、②人間のDNAには大きな個人差が存在しており、そのちがいは、病気の*発症のしやすさなどの差となって現れることが*広く知られるようになりました。また、体型や体力や身体能力が人それぞれでちがっていることは、みなさんのこれまでの学校生活からも、よくおわかりでしょう。このように、自分の生まれついた身体には、他者と置き換えることのできない多様性＝個性差が存在します。これを互いに認めあうことは大切なことです。

次に、人それぞれの性格や得意分野にも独自性があります。みなさんの周りを見まわしても、活発で明るい人もいれば、はにかみがちで*シャイな人もいることでしょう。そうした性格のちがいは認めあわなければなりません。また、スポーツが得意な人、音楽や美術が得意な人、数学や理科が得意な人、社会科が得意な人、英語が得意な人、国語が得意な人などさまざまでしょう。③それらを互いに認めあい、それぞれの得意分野を各自が伸ばしていくことが大切です。

さらに、みんながいだく将来の夢も、多様であってこそ、色とりどりの花が咲くおもしろい社会が実現可能になります。みんなが、よい大学に入ってよい会社に就職することだけを夢見るような社会では、④同じ花しか咲かない退屈でつまらない社会になってしまうことでしょう。その意味で、この歌詞は、大いに歌い継がれてほしいと私は思います。

ただし、「一人一人違う種を持つ／その花を咲かせることだけに／一生懸命になればいい」というくだりについては、⑤ひとつ注文をつけておきましょう。花の多くは自分ひとりの力では美しく咲くことができません。ですからきれいな花を咲かせるためには、花が根ざしている土に水をやったり肥料をまいたりする「配慮（ケア care)」が必要なのです。それと同じように、人間も得意分野を伸ばし、個性を活かしつつ成長するためには、誰かほかの人が手助けしてあげなければならないことも多いはずです。

【つまり私がいいたいのは、人それぞれに備わった独特の個性、つまり独自性を活かすことは、「配慮」や「扶助」という観点で補われなければならないということです。人それぞれが生まれ育つ生活環境は、お金持ちの家に生まれる、貧しい家に生まれる、両親がいない、日本に住みながらも日本国籍をもたないなど、偶然と多様性に満ちています。それらの環境を「配慮」し、必要な場合には「扶助」していかなければなりません。】

たとえば、外国籍の人が日本で学校生活を送るうえで、不利になるようなことがないかをよく配慮し、不利が生じる場合には扶助の手を差し伸べる必要があります。誰かがなんらかの身体的ハンディキャップを負っているとき、人は扶助する義務が生じます。このように、偶然と多様性はそれ自体、尊重されなければなりませんが、同時に、さまざまな手当てや奨学金のような「扶助」によって、補完される必要があるのです。

この扶助や配慮という観点は、さらに⑥「公正（フェアネス fairness）」という価値で強化されなければなりません。たとえば、ある分野に優れた能力をもっていたとしても、それを伸ばす生活環境が不公平（アンフェア）ならば、それを「正す」必要があるでしょう。各自の生活環境の多様性やちがいが差別になってはいけないのです。能力があっても、貧しい生活環境のために勉強をつづけることができない人がいる場合には、「公正」という観点から、なんらかの扶助の手が差し伸べられることが必要です。

このように考えると、一人ひとりの個性は、「公正さ」によって補われてこそ活かされることが理解できるでしょう。以前には、平等は個性を奪うという主張もよくみられました。しかし、それは、⑦「均質」という意味の平等と、「公正」という意味の平等を取り違えた意見です。

均質という言葉には、みんなが同じ画一的な性質をもつというニュアンスがあります。そのため、均質という意味の平等は個性を奪うかもしれません。けれども、公正（フェア）というのは、画一的なニュアンスよりも、「機会の平等」というニュアンスの強い言葉であり、このような意味での平等は、個性を活かすための理念として考えられなければなりません。

まさにこうした意味で、人間の「自由」と「平等」は両立します。人間は、自由なくしても、「公正」という意味での平等なくしても、自らの花をいきいきと咲かせることはできません。そして、この考えこそが現代の人権思想の基礎にならなければならないのです。

（山脇直司『社会とどうかかわるか』より）

※　イラク戦争……アメリカ合衆国が主体になり、イラクの武装解除問題で、イラクに攻め入ったことで始まった戦争。
※　Only one……ここでは、「ただ一人」という意味。
※　発症……病気の症状が現れること。
※　シャイ……はずかしがりな様子。
※　配慮（ケア care）……心を配ること。
※　扶助……力ぞえをして助けること。
※　ハンディキャップ……不利になるような状況。　奨学金・学業を助けるためにあたえられるお金。

問一　―線①「この歌詞のように、『私』という個人は、互いに置き換えることのできない『独自性』をもって生きている」とありますが、個人がもっている置き換えることのできない「独自性」を、「この歌詞」の中で九字で表現した言葉を書きぬいて答えなさい。

問二　―線②「人間のＤＮＡには大きな個人差が存在しており」とありますが、この個人差についての筆者の考えを次のようにまとめました。空欄Ａ・Ｂに入る言葉を、本文中からＡは十字、Ｂは七字で書きぬいて答えなさい。

ＤＮＡによって、病気の発症のしやすさや［Ａ］のちがいが存在しているが、それを［Ｂ］ことが大切である。

問三　―線③「それら」とは、何を指していますか。本文中から十字以上十五字以内で書きぬいて答えなさい。

問四　――線④「同じ花しか咲かない退屈でつまらない社会」とありますが、この「社会」を次のようにいい換えたとき、入る言葉を、本文中から三字で書きぬいて答えなさい。

□な社会。

問五　――線⑤「ひとつ注文をつけておきましょう」とありますが、筆者はどのような「注文」をつけていますか。次の文の□に入る言葉を、本文中の言葉を使って、二十字以上二十五字以内で答えなさい。

偶然と多様性に満ちた環境に育った人それぞれの□必要がある。

問六　【　】で囲んだ段落は、その前の段落に対してどんな役割を果たしていますか。最も適切なものを次の中から一つ選び、番号で答えなさい。

1　前の段落の内容を受けて、その内容から導かれる問題点を説明している。
2　前の段落の内容を受けて、その内容の根拠を説明している。
3　前の段落の内容を受けて、その内容の予想される反論について説明している。
4　前の段落の内容を受けて、その内容をさらにくわしく説明している。

問七　――線⑥「『公正（フェアネス fairness）』という価値で強化されなければなりません」とありますが、筆者の考える「公正」とは、どのような「公正」のことですか。それを表した言葉を、本文中から五字で書きぬいて答えなさい。

問八 ―線⑦「『均質』という意味の平等」とは、どのような「平等」のことをいっているのですか。最も適切なものを次の中から一つ選び、番号で答えなさい。

1 個人の求めるものをすべて満たしてくれるような平等。
2 だれもがまったく同じ状況になることができる平等。
3 個人の環境を考えて、その人に合ったものをあたえる平等。
4 量よりも質のいいものをすべての人に授ける平等。

第三講　基礎編③〈問題〉

次の文章を読んで、後の問いに答えなさい。

「雑草」というのは、人間の都合で付けた呼び名である。その植物が役に立つか立たぬか、という判断がそこには入っている。沼田先生も、そのことから人間の身勝手さを批判して先のことばを口にされたのだと思う。ところが、その役に立つか否かという判断は、時と場合によって異なる。①良い例としてクズを挙げることができるだろう。

クズは日本人にはおなじみのマメ科植物で、つる性の多年草である。日本人はこの根を用いてクズ粉をつくってきた。秋の七草のひとつにも入れられている。近年、このクズが、荒れた土地の緑化に有効であるとして日本からアメリカに持ち込まれ、その繁殖を意図しなかった地域で大繁茂してアメリカの多くの地で害草となっている。

我が家の庭には石垣があり、ささやかな家庭菜園もある。そこの管理は妻に委ねてあり（ここでも私は怠慢を決め込んでいる）、彼女は「刈っても刈ってもまたすぐに生えてくる」と困った顔をしながら、毎年雑草と格闘している。ある日、その様子を見ながらふと考えた。もし我々が砂漠に住んでいたらどうだろう。どんな植物でも構わないから、たくさん生えてくれることを望むだろう。②植物が生えれば、そこには水があり、それを食べる動物がいる。人の命を支えてくれる源があるのである。

考えてみれば、刈っても刈っても雑草が生えてきて困るということは、そこにはそれだけ高い植物生産力があり、それを支える地力があるということだ。そして、何よりも、そこには多くの生命活動を支える水があるということである。

日本の年間降水量はおよそ一七〇〇ミリであり、世界平均の約一〇〇〇ミリを大きく上回っている。世界でも雨の多い国といえるだろう。その上、温暖でもある。これらの条件が、日本の高い植物生産力を支えている。たくさん降る雨は、しばしば洪水という災いを日本人にもたらすが、その一方で、大きな恩恵を与えてくれているのである。そう考えると、③生い茂る雑草に感謝の念を持つようになり、今、日本に暮らしていることの幸運を喜びたい気持ちになってこないだろうか。

そんな雑草を、われわれは④除草剤をかけて枯らし、刈り取って燃やしている。その草は、太陽の下で増え、人間に殺されなければ、様々な動物の餌になっていただろう。すると、光合成によって雑草の体内に取り込まれた太陽エネルギーが、食物連鎖を介して多くの生物に運ばれていたに違いない。

【例えば、バッタは雑草を食べるが、そのバッタは、次に鳥に食べられるだろう。人間がかわいがっているツバメも昆虫を餌としており、雑草に始まる食物連鎖の上位に位置する動物だ。それだけではない。雑草からの食物連鎖は人間にまでもつながっている。雑草を食べたバッタなどの昆虫には、川や湖に落ちるものがいる。この水面に落下した昆虫は、例えばイワナなどの魚の重要な餌になっているのである。そして、そのイワナは釣り上げられ、食卓にのることになる。】

また、雑草を燃やすということは、雑草が得た太陽エネルギーを熱エネルギーに変え、さらに二酸化炭素を大気中に放出することで、⑤温暖化に貢献してしまう。それならば、刈った雑草を腐らせてから農地の肥料として使い、雑草からバイオエタノールをつくる技術を開発して石油の代替燃料として使った方がいいだろう。もしそれが実現したなら、誰もその植物を雑草などと呼ばなくなるかもしれない。

ところで、二十年ほど前、ドイツのブリョンという湖沼地帯で開かれたプランクトンの国際会議に出席したとき、知り合いのミジンコ研究者に招かれて、彼の自宅を訪れた。彼は、居間でお茶を飲みながら談笑している最中に、窓を大きく開け、「見てください。すばらしいでしょう」といいながら⑥誇らしげに庭を見せてくれた。私はそれを見て一瞬言葉を失った。なぜなら、その庭は雑草だらけだったのである。私にはそれがきれいな庭とは思えなかったのだ。そのとき、同行した日本人研究者が笑いながら「我が家の庭と同じです」とジョークを言ったが、相手はその意を解さずきょとんとしていた。ドイツ人の彼にとっては、何も手を加えない自然のままの状態がすばらしい景観であるようだ。ということは、日本人が雑草と呼ぶ植物も彼には美しい植物なのである。

このやりとりにより、ドイツ人と日本人の自然に対する考え方の違いを知り、また日本人が偏見の目で植物を見ていることに気づかされたのであった。

その後、その家の主は、庭を掘ってつくった小さな池を指さし、「あの池の中にはミジンコがいるんだよ」と言った。さすが著名なミジンコ学者だ。この言葉で場の雰囲気が一気に和んだのである。

考えてみると、日本人だったら池をつくるとまずそこに魚を入れるだろう。日本人にはそのような固定観念があり、それが考え方の多様性を失わせているように私は感じた。

（花里孝幸『自然はそんなにヤワじゃない』より）

※　沼田先生……植物生態学者。

※　先のことば……沼田先生の「雑草という名の植物はありません」ということば。

※　バイオエタノール……植物からつくられるアルコール燃料。

問一　――線①「良い例」とありますが、これは、どのようなことを説明するための例ですか。最も適切なものを次の中から一つ選び、番号で答えなさい。

1　植物の有用性を判断するのは人間のわがままだということ。

2　植物の有用性の判断は時と場合に応じて異なるということ。

3　雑草という名の植物はなく、何にでも名があるということ。

4　雑草という名には人間の価値判断が入っているということ。

問二　――線②「植物が生えれば、そこには水があり、それを食べる動物がいる」とありますが、筆者は植物や水、動物などをまとめてどのように表現していますか。本文中から十一字で書きぬいて答えなさい。

問三　――線③「生い茂る雑草に感謝の念を持つように」なるとありますが、それはなぜですか。その理由について次のようにまとめたとき、［A］～［C］に入る言葉を、本文中からAは七字、Bは二字、Cは十二字で書きぬいて答えなさい。

雑草が生い茂るということは、その場所に［A］があり、それを支える［B］と、［C］があるということを意味するから。

問四　――線④「除草剤をかけて枯らし、刈り取って燃やしている」とありますが、筆者はこの人間の行為をどのように表現していますか。これよりあとの本文中から一語で探し、次の文の［　］に入るように、適切な形に直して答えなさい。

植物を［　］行為。

問五　【　】で囲んだ段落は、その前の段落に対してどんな役割を果たしていますか。最も適切なものを次の中から一つ選び、番号で答えなさい。

1　前の段落の内容を受けて、その内容から導かれる結論をまとめている。
2　前の段落の内容を受けて、その内容を簡潔にまとめて要約している。
3　前の段落の内容を受けて、その内容に対して根拠を挙げて反論している。
4　前の段落の内容を受けて、その内容を具体的な例を挙げて説明している。

問六　―線⑤「温暖化に貢献してしまう」とありますが、筆者はなぜこのように表現しているのですか。最も適切なものを次の中から一つ選び、番号で答えなさい。

1　さけなければならない事態を自ら招くことを、皮肉に感じているから。
2　地球環境を良くするために役立つことができて、誇らしいから。
3　人間が地球の環境をこわしていることを認めて、反省しているから。
4　本来するべきことがわからないままで、途方にくれているから。

問七　―線⑥「誇らしげに庭を見せてくれた」とありますが、ここに表れているミジンコ研究者の自然に対する考え方について述べたひと続きの二文を本文中から探し、初めの五字を書きぬいて答えなさい。

第四講　基礎編④〈問題〉

次の文章を読んで、後の問いに答えなさい。

西洋のことわざに、「雄弁は銀、沈黙は金」という言葉があります。「口から泡を飛ばすような雄弁よりも、黙して語らぬほうが分別があり、すぐれている」という意味です。

なぜか日本では「沈黙は金」だけが切り離されて、「おしゃべりが度を超すと人間の価値を下げることになる」という、いましめの意味でよく使われています。「能ある鷹は爪を隠す」と同じように、「沈黙」は奥ゆかしさの要素の一つとみなされているわけです。

けれど欧米（※ヨーロッパやアメリカ）社会の現場では、こういう考え方はまったく通用しません。私自身の経験から言うと、①沈黙は「金」ではなく「罪」であり、「何も考えていない愚か者の証拠」です。

たとえば、ビジネスの交渉の場や、シンポジウム（※公開討論会）、ディベートなどに出席して、ひと言も発言しない人がいたとします。［A］では、「何か発言すればいいのに。ずいぶんおとなしい人だな」と思われるくらいですむかもしれませんが、［B］では、「あなた、なんのためにここにいるの？」という目で見られます。場合によっては、「邪魔だ」と思われるかもしれません。自分の考えを何も発言しないということは、非常に恥ずべきことだと思われているのです。

「雄弁は銀、沈黙は金」ということわざは、あくまでも原則の世界のことであって、現実には、黙っていたのでは何もことは運ばないし、何も手に入れることができません。阿吽の呼吸とか、（　②　）とかいった言い回しがあるように、[C]では「あえて口に出して言わなくても、相手は理解してくれるはず」と考えがちですが、[D]では、はっきり口に出して言わなければ何も理解されないし、自分から動かなければ何一つ自由になりません。

人前でミスをしたり意見を否定されたりすることは、ぜんぜん恥ずかしいことではありません。一歩日本の外に出れば、③しりごみして何も発言しない方がよほど恥ずかしいことなのです。意見を述べている時に頭がパニックになったり、意見を否定されて動揺したりすることは誰にでもあるのですから、気に病むことはありません。思っていることを言わないで後悔するより、後悔するくらいならその時に言っておく、というほうがはるかに健康的です。

私は二〇代後半からヨーロッパを中心に仕事をするようになりましたが、その時公の場で（④）をきちんと発言できるようになりたいと思い、「国際会議やシンポジウムの席で、必ず一つは質問をする」という課題を自分自身に与えました。

私にとって難しい課題でしたが、これに慣れない限り、コミュニケーション力やプレゼンテーション（※会議で計画などを発表すること）力や交渉力を高めることはできないと考えたのです。でも、そうは思っても、はじめは会場の片隅にちょこんと座ったまま、手をあげるタイミングさえつかめず、ひと言も発言できずにうなだれて帰ってきました。

そこで次は、「質問をしないうちは帰らない」と心に決めて、あるシンポジウムに参加しました。基調講演に耳を傾ける余裕もなく、質疑応答に入るのを今か、今かと待っているうちに、ようやく質疑応答になり、意を決してぱっと手をあげると、演壇上の講演者から指名され、それと同時に案内係の女性が飛んできてマイクを私の前に差し出しました。ところが席を立ちマイクを手にしたその瞬間、それまで考えていた質問が頭の中からすべて吹っ飛んでしまったのです。結局何も言えずじまいで着席しました。

「ああ、大恥をかいてしまった。周りの人達はさぞかし僕のことを冷笑しているだろうな」と思いましたが、周囲にはざわめきすら起こらず、マイクを手渡す係の女性はさっさと別の質問者のほうに飛んでいきました。

「そうか、（　⑤　）」と気づいた私は、それからは人前で失敗することを恐れなくなりました。もちろん、この事件の前までは、「人前で恥をかくことは、できれば避けたい」という気持ちはありました。でも、「このままずっと避け続けていたら、自分は一生変われない」とも思ったのです。

こうしてその後も、⑥<u>「実践→（　Ｅ　）→反省→新たな実践→新たな（　Ｅ　）」</u>を繰り返していくうちに、少しずつ公の場で発言できるようになっていきました。

みなさんにも、できる範囲で、こうしたトレーニングを行なうことをお勧めします。たとえば、将来ついてみたい職業があるとします。どんな職業であれ、興味をもっている分野で活躍している人に会ってみたいと思うのなら、方法はいくらでもあります。目当ての人を見つけたら、その人の講演会などに足を運んで話を聞き、質疑応答の時に何か質問をしてみるとよいでしょう。

勇気を出して手をあげて質問すれば必ずきちんと答えてくれる。つまり、その質問をする前に比べると、あなたは新しい何かを手に入れているわけです。その「何か」とは、よそでは絶対に手に入らない貴重な情報かもしれないし、「尊敬する人が自分の質問に答えてくれた」という満足感だけかもしれません。でも、とにかく確実に新しい感動や知的刺激が手に入るのです。

一度経験してしまえば、次からは失敗が怖くなくなるので、前向きなことについての「人前で恥をかく経験」は早いほどいいのです。

（『自分力を高める』今北純一）

問一　――①「沈黙は……です」の考えに合っていないものを次から選びなさい。

ア　自分の考えを発言しないのは恥ずかしいことである。
イ　何も言わなくても人は自分のことを理解してくれる。
ウ　人前でミスしたり意見を否定されたりしても構わない。
エ　自分から働きかけることによって自由に行動ができる。

問二　［A］～［D］には、ア「欧米」・イ「日本」のどちらかが入ります。それぞれ記号で答えなさい。

問三　（　②　）にふさわしい四字熟語を次から選びなさい。

ア　意気投合　　イ　不言実行
ウ　一心同体　　エ　以心伝心

問四　――③「しりごみして何も発言しない」とありますが、その理由を十字以上二十字以内で答えなさい。

問五　（　④　）に文中の語句（五字）をぬき出して入れなさい。

問六　（　⑤　）には、筆者の思ったことが入ります。筆者の立場になって、「聴衆（周りで聞いている人達）は…」に続く形で二十五字以内で書きなさい。

問七　――⑥の流れをふまえて、（　E　）に入る熟語を答えなさい。

第五講　標準編①〈問題〉

次の文章を読んで後の問に答えなさい。

洋食の三点セットである、ナイフ・フォーク・スプーンは、いまではたいそう洗練されて、テーブルの飾りつけとしても華やかさをそえている。ほかのことについては不器用そのもののヨーロッパ人が、この三種の器具をたくみに操っているのをみると、さすがに西洋文明が[×]骨の髄までしみこんでいるなと、感心させられる。それにくらべると、幼時から箸でそだったわれわれは、どことなく窮屈でぎこちなく、とても手の一部になりきっているとはいいがたい。

もっとも、その食事器具がほとんどはみな、あたらしい西洋文明に属するといったら、驚きをよぶであろうか。ヨーロッパに太古からあったナイフをべつにすれば、[1]スプーンとフォークはたかだか数百年の履歴をもつだけのことだ。フォークは、もっとも早くとれば十一世紀ころにヴェネチアで使用されはじめたともいうが、イタリアでひろくみられるのは十五世紀。そして、アルプスの北のヨーロッパでは十六、七世紀のことだ。

スプーンはこれまた、十五、六世紀になってつかわれる。もちろん、これに類する道具は古代からずっとあったけれども、食事用というよりは料理用。それに実用のものは、おおかた木製だったことだろう。いずれにしても、箸のように由緒ただしく、ながい伝統とは[a]エンがうすい。

かつて、フォークとスプーンが出現するまえに、[2]人びとはナイフだけで食事をさばいていた。テーブルの中央に盛られた丸焼き肉から、ナイフでそぎとった部分を左手にうけとった。そう、素手でたべたものだ。こんがりとした皮のこげ目や、したたりおちる脂と肉汁が、ぺっとりと手についたことだろう。もちろん、このこってりと汚れた手は、ズボンの脇か、上着の袖にこすりつけられる。

そういう様は品格に欠ける、手をぬぐうならナプキンをつかいなさいと、十六世紀の礼儀書が教えているけれども、どうも効き目にとぼしかったようだ。何世紀ものちになってすら、貴紳淑女たちは、[b]ジザイに屈曲する五本指の道具で、肉片を口にはこんでいた。使い勝手のわるい金属器具にみむきもしないで。

木鉢にそそがれた肉のスープは、どうやって飲むのか。ことは[c]ヨウイである。適度の大きさの鉢にいれかえて、あとは直接に口をつけてすすりこもう。回し飲みとあいなったであろう。肉や野菜の具はどうしよう。ここでも指の応援がもとめられる。実際のところ、だれも不自由していなかった。

唯一の道具たるナイフは、必需品である。テーブルには一本もしくは数本のナイフがおかれることがあった。順ぐりにまわして、もしくは一家の食事であれば家父が権威をしめして手ずから、ナイフをふるって解体にかかったものだ。もっとも多くの場合、来客のときには、それぞれにナイフ持参を乞うのが正式だったようでもある。かくして、はなはだダイナミックな食事風景。ここでは、マナーもエチケットも、出る幕はない。

マナーどころではあるまい。ナイフはときおり武器になった。各自携帯の武器とあっては、人間もしばしば解体の対象となったことだった。平和が支配せずば、礼節ははるかに遠い。

フォークとスプーンの登場は、ひとに宿題を課した。ナイフがいささか狩猟経済をおもいおこさせるとすれば、フォークは、農業だ。フランス語ではフルシェットというが、これは熊手（フルシュ）の小さいものという意味である。農は勇猛よりも、順序だった配慮を必要とする。そしてスプーンのフランス語キュイエールは、「かきあつめる」という動詞からきている。漁業だか商業をおもわせる。これこそ、熟練した操作術のたまものだ。

べつの見方をすれば、食事には人間の肉体能力のいくつもの種類が動員されだした。ナイフは歯の代用品だった。そこへ、指の代用品たるフォークがはいってきた。指でとりわけるという。そしてついには、掌のかわりとして、スプーンが。上手にスープをすくいとることができるだろうか。

とたんに規制が出現する。ヨーロッパにブルジョワが姿をみせるころ、十八、九世紀に食事作法は[Y]徴に入る。われわれ日本人が、欧風として理解するのは、このがんじがらめの規約集のことだ。脂と汁とで衣服をよごさぬようになったかわりに、緊張が君臨することになった。

だが、そのおかげで、食卓が平和になったことはたしかだろう。ナイフの刃傷沙汰は減った。より洗練された道具たるフォークとスプーンの仲間入りで、ナイフの切れ味もにぶってしまったからだ。

しかもさらに、食卓の平安を保証しようと、器具同士がぶつかりあう音をきびしく禁じた。それは[3]こういういきさつからだと想像される。そもそもヨーロッパ人は、器具に悪霊をみぬいている。人間が好みのままにつかっているうちはいいが、いったん器具がふれあって自前の音声を発するようになっては、悪霊は空間にはなたれることになる。ガチャガチャとナイフやフォークがぶつかりあう音は、不吉このうえもない。食卓の秩序をみだす闖入者（ちんにゅうしゃ）なのだ。だからいまもなお、ヨーロッパの食事動作のうち、ナイフとフォークで音をたてるのは、最悪の振舞である。チューチューとスープをすすって、スプーンに音を発せしめるのすら、禁じられる。

会食中のヨーロッパ人があんなにも、陽気に騒々しく談笑しているというのに、器具の音だけを嫌うのは、静寂を保つためではない。器具の発声が平和を破ると信じているためだ。馴れぬ道具をわたされて、あつかい悩む人びとにとって、食卓の平和を維持するのは、ほんとうに気づかれのすることだった。マナーは空から降ってきたのではない。それぞれの文化のなかで、価値観や世界観にもとついて生みだされるものなのだから。

（樺山紘一「中世の路上から」より）

問一　――線a～cのカタカナを漢字に直しなさい。

問2　本文中から次の一文が抜けています。どこに補ったらよいですか。最もふさわしい箇所を探し、すぐ前の文の終わりの五字を書き抜きなさい。

手の延長として駆使するための技術的訓練を。

問3　――線X・Yのことばの意味として最もふさわしいものを次から選び、それぞれ記号で答えなさい。

X　骨の髄までしみこんでいる

ア　洗練されている
イ　しっかり身についている
ウ　味わい深くなる
エ　高度な段階に達している

Y　微に入る

ア　細かくなる
イ　知れわたる
ウ　高級化する
エ　習慣となる

問4　――線1「スプーンとフォーク」がもたらしたものは何ですか。最もふさわしいものを次から選び、記号で答えなさい。

ア　狩猟経済とマナー
イ　文明と悪霊
ウ　品格と礼節
エ　平和と緊張

問5　――線2「人びとはナイフだけで食事をさばいていた」とありますが、その食事風景はどのようなものでしたか。その説明としてふさわしくないものを次から一つ選び、記号で答えなさい。

ア　素手も使った素朴なもの
イ　ダイナミックで危険なもの
ウ　脂と汁で衣服を汚す不作法なもの
エ　新しい西洋文明の中心となるもの

問6　――線3「こういういきさつ」とありますが、それはどのようなことですか。次の空欄に入るように文中のことばを用いて三十字以上、四十字以内で書きなさい。

ヨーロッパでは【　　　　】ということ。

問7　「箸」の作法や「ナイフ・フォーク・スプーン」の作法の根本にあるものは何ですか。それを含む一文として最もふさわしいものを探し、初めの五字を書き抜きなさい。

第六講　標準編②〈問題〉

次の文章を読んで、後の問いに答えなさい。

日本の歴史を読んでいると面白いのは、①雄弁なことで評判の高かった人、というのは一人もいない。英雄というのは、保元の乱の源為朝、征韓論の西郷隆盛など議論をすると負けてしまう方に人気がある。源頼朝の重臣だった梶原景時なんて人気がない。最近になって初めて、勝海舟が雄弁だったとか、福沢諭吉が演説が上手だったとか評価されてきたが、戦前はそういうことがなかった。

西郷従道（つぐみち）、隆盛（たかもり）の一番末の弟だそうだが、この人は西南の役のとき、兄貴には従わず、明治政府に残った。そして最後は海軍大臣になる。アメリカに行ったとき、海軍大臣が来たということで大歓迎を受けたそうだが、歓迎会の席上でアメリカの代表から「今日は日本からわざわざ海軍大臣が来てくれて大変嬉しい。ぜひ一言、スピーチを」と言われた。西郷従道さんはそのようなときに話すのを聞いた経験もない。脇にいた通訳に「通訳どん、わしは、こげんなこと初めてやるけん。どうしていいかさっぱりわからん。よかこつやってくれ」と言って座ってしまったという。

困ったのは通訳である。そこで「今日は私のためにこのような会を開いていただいてありがたい。これは私一人が感謝すべきことではなくて、日本国民がすべて感謝すべきことだと思います」というようなことを、二分くらいしゃべって座った。それを聞いたアメリカ人は何という感想を持ったかというと、日本語というのは［②］何と神秘的な言葉だと思われた。そうした話が日本に伝わっても、西郷の口べたを悪く言う人はいない。かえっておもしろい奴だという評判が立つ。

日本ではどうも弁論は好まれなかった。中国では張儀という人がいる。ギリシャではデモステネス。弁論によって一国の運命を救ったという人もいるが、日本ではなかなかそうした人は現れない。漱石の『坊っちゃん』なんかは、弁論のへたなことで代表的な人だろう。職員会議で立ち上がっても、一言もまとまったことを言えない。そこへいくと教頭だとか校長だとかはいろいろ言える。たぬきや赤シャツはべらべらしゃべるけれど、そういう登場人物は好かれない。

話は簡単な方がいい。できればしない方がいい。するなら少し論理的に飛躍していてもかまわない。話はへたな方がいい。こういう傾向が日本人にはあると言ったが、例外はどんなことにもある。

日本人のものの言い方で例外はあいさつである。これだけは長い方がいい、行き届かなければいけない、と日本人は思っていた。みなさんも結婚披露宴の席に行かれたことが何度もあると思う。テーブルの上にはごちそうが並べられていて、来ている人はあの話が終わったら食べられる、と話が終わるのを心待ちにしているが、これが長い。一〇分、二〇分と続いて、それがやっと済んだとき、その人は何と言うか。「以上ははなはだ簡単ではありますが……」。短いといけないと思っているのだ。これが日本人なのである。

日本人の間には、和という精神、これが一番大切にしなくてはいけないことだという教えがある。ご承知のとおり聖徳太子という人が昔十七条憲法というものを発した。あの第一条には何と書いてあるか。「和をもって貴(とうと)しと為し」。人と仲良くすること。同じ意見を持つこと。これが一番大切だというのが日本人の考えの根底にある。

外国人が日本に来て、日本人の会話を聞くと、一番耳につくのが「ね」という言葉だと言う。「今日はずいぶんたくさんの人が来ましたね」とか「今日は天気がよかったですね」とか、何かと「ね」をつける。あの「ね」

は何という意味ですか、と聞かれたことがある。

日本人はわかる。「今日はたくさんの人が来たと思っております。あなたも同じでしょう」。つまり、「あなたと同じ気持ちです」ということを私たちは会話をすることに繰り返している。繰り返し繰り返し言うことで、相手に対する軽い尊敬の気持ちを表している。だから③<u>あいさつということが非常に大切なのである。</u>

アメリカ人が日本にやって来ると日本人のあいさつはうるさくて仕方ない、と思うようだ。例えば思いがけないところで知っている人とバッタリ会う。「どちらにお出かけですか」と尋ねる。アメリカ人はうるさいと思う。「どこに行こうと俺の勝手だ。俺の秘密を探ろうとしているのだろうか」。日本人は何もそういうつもりではない。「こんなところでお目にかかるとは思いがけないことだ。あなたの身の上に何か大変なことがおこったのではないだろうか。もしそうだったら、一緒に心配してあげましょう」とこういう気持ちで聞くわけである。

「先日は失礼しました」。これもよく私たちが口にするあいさつである。アメリカ人はびっくりする。「確かに先日この男に会った。しかしそのときにこの男は俺に何にも悪いことはしていない。するとこの男は、俺の知らない間にとんだことをしてくれたのではないか」と心配になるという。日本人の気持ちはそうではない。「先日あなたにお目にかかった。私としては失礼なことをした覚えはないけど、私は不注意な人間である。もしかしたら失礼なことをしたかもしれない。もしそうだったらおわびする」。こういうことを言っている。そういう言葉でも分かるように、私たちは［④］が非常に好きである。感謝することよりも、［④］を尊ぶ。

みなさんがバスに乗っている。おばあさんが乗ってきた。誰かが席をゆずる。おばあさんは何というか。「ありがとうございます」とお礼を言う人もいるが、「すみませんねえ」と謝る人の方が多いだろう。おばあさんの気持ちはこうである。「私がもし乗ってこなければ、あなたは座っていられたでしょう。私のせいであなたに負担をかけてしまいました。すみません」とこういう論理で、日本人は謝ることを非常に喜ぶ。

アメリカで暮らしていた次男の話だが、次男の家にいるお手伝いさんが台所で働いていて、手からコップが滑り落ち割れてしまった。日本人ならこういうとき「⑤私がコップを割りました」と言う。でもアメリカの人はけっしてこういうことは言わないそうだ。「⑥グラスが割れたよ」と言ってきた。「お前が割ったんじゃないか、なぜ自分が割ったと言わないのか」と言ったら、ビックリしていたという。英語で「私がコップを割った」というとどういう意味になるか。壁か何かにコップをわざとぶつけて割った、という意味になってしまうようだ。コップがあやまって手から滑って割れたときはコップが割れたんであって、私が割ったんじゃない、と頑張るそうだ。

理屈を言えば確かにそうである。なぜ日本人は、手から滑り落ちたコップに対して「私が割った」と言うか。これは日本人の[⑦]感だと思う。つまり日本人はこう考えるのである。自分の手からコップが滑り落ちて割れたのは、自分が油断していたからだ。自分がしっかりしていたならばこのコップは割れなかった。自分がうっかりしていたからコップが割れた。このことの[⑦]は自分にある。だから「コップを割りました」という言い方になるのである。こういう考え方は日本人の美徳であると私は考える。

（金田一春彦「ホンモノの日本語を話していますか?」による）

※1　保元の乱～　一一五六年（保元元年）に起こった争乱。
※2　こげんなこと～　このようなこと。
※3　たぬき～　『坊っちゃん』の登場人物である校長のあだ名。
※4　赤シャツ～　『坊っちゃん』の登場人物である教頭のあだ名。

問一　―線部①「雄弁」の反対の意味の言葉を、五字以内で本文中から探して書きなさい。

問二　空欄②にあてはまる言葉としてもっとも適切なものを次の1～4の中から選び、その番号で答えなさい。

1　突然あいさつを頼まれても応じられる、機転をきかせやすい言語だ。
2　あんなに短く言っただけであんなに長い内容のことを言っている。
3　自分のことを言っているのに、はっきりと断定せずに、ぼかして表現している。
4　とても省略が多くて論理的でないが、十分に意味を伝えることはできる。

問三　―線部③「だからあいさつということが非常に大切なのである」とありますが、本文からわかるその理由を説明したものとしてもっとも適切なものを次の1～4の中から選び、その番号で答えなさい。

1　相手に熱心に話しかけるのは、相手と親しくなりたいという気持ちを表すことだから。
2　相手の立場に立ってわかりやすく話すのは、相手をいたわる気持ちを表すことだから。
3　相手に自分の気持ちをていねいに説明するのは、相手を信頼する気持ちを表すことだから。
4　相手と同じ気持ちであることを確認するのは、相手を重んじる気持ちを表すことだから。

問四　空欄④は二箇所ありますが、同じ四字の言葉が入ります。その言葉を本文中から探して書きなさい。

問五　―線部⑤「私がコップを割りました」・⑥「グラスが割れたよ」から読み取れる日本人とアメリカ人の違いについて述べたものとしてもっとも適切なものを次の1～4の中から選び、その番号で答えなさい。

1　誤ってコップが割れたのはわざと割ったのとは違うと考えるアメリカ人に対し、日本人は自分が油断していたからコップが割れたと考えて謝罪する。

2　わざと割ったわけではないと理屈をこねて謝ろうとしないアメリカ人に対し、日本人は素直に自分の非を認め、謝罪をすることができる。

3　誤りを認めると弁償をしなければならないアメリカ人に対し、日本人はお互いを思いやれるから、謝罪の言葉があれば許してもらえる。

4　コップが割れた理由を論理的に説明しようとするアメリカ人に対し、日本人は自分が悪いと思っていなくても謝罪してその場を丸くおさめようとする。

問六　空欄⑦は二箇所ありますが、漢字二字の同じ言葉が入ります。その言葉を考えて書きなさい。

問七　本文の内容についての説明としてもっとも適切なものを次の1～4の中から選び、その番号で答えなさい。

1　本来は短い話を好んだ日本人が、世間体を重んじるあまりにことさらに話を長くする傾向が年年強まっていることを、豊富な例とともに示した上で、かつての日本人の美徳を取りもどすことを提案している。

2　かつては短い話を好んだ日本人が、諸外国の人々とふれあううちに長い話のよさを理解するようになった過程を、歴史的事実を追いながら述べた上で、新しい日本人の美徳が生まれる可能性を論じている。

3　日本人が短い話を好む場面と長い話を好む場面の豊富な例をあげ、アメリカ人の例と比較してアメリカ人を批判した上で、どちらの場面にも相手を思いやる日本人の美徳が表れているとたたえている。

4　短い話を好む日本人の特徴をまず述べ、例外としてあいさつは相手を重んじるから長くなるということを示した上で、相手を重んじている例をいくつかあげながら、日本人のもつ美徳を指摘している。

第七講　標準編③〈問題〉

次の文章を読んで、後の問いに答えなさい。

一般的に、近代保守思想の源流とみなされている思想家がイギリスの政治家エドマンド・バーク（一七一九～九七）である。彼が同時代に隣国で起こったフランス革命を批判して書いた『フランス革命についての省察』は、現在に至るまで保守思想の原点を示す文献として、世界中で読み継がれている。

ここで注意しなければならないのは、人間が普遍的に共有する「保守的な心性」と「バーク以降の保守思想」は、明確に区別すべきものであるという点である。

人間は環境が一気に変化することを恐れる「保守的心性」を共有している。隣に全く知らない人が引っ越してくると、どうしても初めは警戒心をもって接することが多くなり、また自分が新しい土地に移り住む時には、多少の不安と緊張感を抱く。

人間はこのような「保守的な心性」をどの時代でも共有してきたし、これからも共有し続けるだろう。しかし、ここで議論する保守思想は、人間の普遍的な「心性」にとどまるものではない。バークがはっきりと主張するように、保守思想とは一八世紀ヨーロッパにおける啓蒙主義に対するアンチテーゼ（否定的な判断や命題）として生まれたものであり、近代主義者が依拠する理性的合理主義への批判こそが、核の部分を構成しているのである。

保守思想の根本は、「理性万能主義への懐疑」である。近代主義者が、人間の理性を過信し合理的に理想社会を構築することが可能だと考えがちなのに対し、保守は人間の能力の限界を謙虚に受け止め、その不完全性を直視する。つまり、懐疑主義的な人間観を保守は共有する。

人間はどうしても「悪」を捨てきることはできない。どの時代の誰もがエゴイズムを抱え込み、時に[イ]ケイソツを免れない。[a]驕りや嫉妬、妬みなどから完全に自由になることなどできず、人間はさまざまな問題を抱え続けて生きていく存在だ。

そんな不完全な人間が構成する社会は、必然的に不完全な存在であり続け、永遠に理想形態にたどり着くことはない。これが保守の人間観だ。毎日、世界中で問題が起こり、日々その対応に追われ続ける新聞が白紙になる日など永遠にやって来ず、テレビのニュース番組でアナウンサーが[1]「今日は一日、何もない平穏な日でした」と言うことなど起こりえない。

保守は、そんな人間社会の完成不可能性を静かに受け止めた上で、理性によってパーフェクトな社会が出来上がるという楽観的な進歩主義を根本的に疑う。だから、保守は人間の理性に全面的に依拠するよりも、長年の歴史の中で蓄積されてきた社会的経験知や良識、伝統といった「人智を超えたもの」を重視する。歴史の風雪に耐え、多くの人の経験が凝縮された社会秩序に含まれる潜在的英知を大切にしようとする。

この立場は、「過去に戻ればすべてうまくいく」といったような「復古」もなく、「今のまま、何も変えなくてもよい」という「反動」でもない。なぜなら、人間が普遍的に不完全である以上、過去の社会も不完全であり、また現在の社会も不完全であるからである。

また、やっかいなことに、社会状況は時間と共に変化していく。例えば、医学の技術革新や食料品の充実などによって人々の平均寿命は長くなり、少子高齢化というかつての社会では考えられなかったような人口構成の変化が生じている。当然、我々はこれまでの制度では変化に対応することができない。新たに生まれた状況に対応した制度に変更していかなければ、社会が[b]破綻してしまう。

保守は、一部の伝統主義者のように過去を単純に理想化する立場でも、一切の制度改革を拒絶する立場でもない。「革命」のような極端な改造とは距離を置くものの、時代の変化に応じた漸進的改革には積極的に取り組もうとするのだ。バークの言葉を借りれば、保守思想家は「保守するための改革」を重視する存在である。「大切なものを守るためには、時代に応じて変わっていかなければならない」という、冷静で思慮深い見方を共有するのが保守の立場である。

保守は極端な「大きな政府」を嫌う。なんでもかんでも国家が統制的に社会をコントロールし、それによって理想的な社会を作り上げようとする態度には、特定のエリートの理性を[c]無謬のものと捉える思い上がりが潜んでいると保守は考える。

一方で、保守は極端な「小さな政府」も嫌う。国家が再分配機能を著しく低下させ、すべてを市場の論理に任せてしまうと極端な格差社会が生じてしまい、安定した秩序維持が困難になると考える。

だから保守は、本質的にバランス感覚を重視する。国家にしろ、市場にしろ、エリートにしろ、大衆にしろ、すべては不完全な存在であり、「これにさえ依拠していれば完成された社会が出来上がる」というものなどは存在しない。だから、複雑に入り組んだ社会の中で、さまざまな主体がバランスを取りながら、着実に合意形成をしていくプロセスを重視する。

そのため保守は時代状況に応じて政府の適正規模を見極め、多様な主体のバランスを取りながら政治を運営していくべきだと考える。そして、そのバランス感覚を、歴史的蓄積によって得てきた教訓や経験知によって獲得しようとする。

保守は「小さな政府か大きな政府か」といった単純な二分法そのものを疑う。保守は極めて平凡ながらも「中くらいの政府」を目指す。
この態度は、保守が「極端なもの」を嫌う[ロ]シュウセイに基づいているといえよう。「抜本的に改革すればすべてがうまくいく」式の「極端」な議論の中には、[2]「正しい理性的判断によって社会を理想的なものに変革できる」という過信と妄想が必ず入り込んでいる。すべての問題を一気に解決する「魔法」など存在しないのだ。

私たちは特定の時代に、特定の環境の中で育ち、特定の言語を母語として身につけ、特定の人々のコミュニティーの中で生きている。「人間は一人で生きていくことはできない。具体的な人間交際を通じて合意形成をし、自らの役割を認識することを通じて、アイデンティティーを獲得している。そのため、保守は自らの行動を□にこそ、重要な意味を見いだし、その社会関係を大切にする。社会の中で孤立し、生きる意味を見失いそうになっている人がいれば、社会の中に温かく迎え入れ、互いの信頼関係を[ハ]ジョウセイしていく。できる限り排除の伴わないコミュニティーの構築に努め、安定した社会秩序の形成を目指す。

このような保守思想は、決して極端な「タカ派」的主張に還元されるものではない。人間の能力の限界を謙虚に受け止め、歴史的な経験知を大切にする。極端な変革ではなく、人々が信頼しあいながら安定的に生きることのできる環境を整えていく。そんな穏健な立場こそが、保守の神髄である。

（中島岳志「保守って何」による）

問一　——線部イ〜ハを漢字に改めよ。（ただし、楷書で記すこと）

問二　——線部a〜cの読みを、平仮名・現代仮名遣いで記せ。

問三 ―線部1について。ここに象徴されている筆者の人間や社会に対する見方として最も適当なもの一つを、左記各項の中から選び、番号で答えよ。

1 フランス革命のような争乱は必ず起こり、それをとおして進化するのが人間社会というものだ。
2 人間の社会的経験や良識は歴史の中でたえず変化しているが、変化しない潜在的英知もある。
3 今のまま何もしなくても良いという考え方は、人間として怠慢だという非難を免れない。
4 さまざまな主体のバランスをとることが必要なのだが、それは実際には人間にとって不可能だ。
5 人間は不完全であるがゆえに、いろいろな問題が生じるという現実を直視しなければならない。

問四 ―線部2について。これと同じ内容を表している言葉を、本文中から抜き出し、六字以内で記せ。ただし、句読点は含まない。

問五 空欄□にはどんな言葉を補ったらよいか。左記各項の中から最も適当なもの一つを選び、番号で答えよ。

1 肯定するもの　2 縛るもの　3 限定するもの　4 支配するもの　5 導くもの

問六 筆者の主張する「保守思想」と合致するものを1、合致しないものを2として、それぞれ番号で答えよ。

イ 楽観的な進歩主義
ロ 理想社会を実現しようとする運動
ハ 賢明な政府による統治
ニ 排除のないコミュニティーの形成
ホ 懐疑主義的な人間観

問七　左記各項のうち、本文に述べられている趣旨と合致するものを1、合致しないものを2として、それぞれ番号で答えよ。

イ　人間はどうしても「悪」を捨てきれずにエゴイズムの側面を有している。このような人間性が社会問題を引き起こすということを自覚してこそ、理想的な社会に近づくことができるのだ。

ロ　近代主義者は人間の理性を信じて理想社会を実現しようとするが、そもそも不完全性を持つ人間にそのようなことを考えること自体が無理なのである。

ハ　保守は時代が変わったとしても、人間にとって大切なものを守るという精神である。だからこそ、時代の変化に応じて社会制度を変革しようとする思想なのである。

ニ「大きな政府」になると国家が再分配機能を低下させ、市場の論理が強まり、格差社会になってしまう。そこから生じる社会の不安定化を阻止することが保守の立場でなければならない。

ホ　人間はコミュニティーの中で生きており、他者とのコミュニケーションをとおして自分の役割を認識している。人間の相互信頼こそが社会秩序の安定につながるのだ。

第八講　記述編①〈問題〉

次の文章を読んで、後の問に答えなさい。

第二次世界大戦後の世界では、「冷戦」と呼ばれる、アメリカを中心とする「西側」の国々と、ソ連を中心とする「東側」の国々との激しい対立が続いていた。ドイツは東西に分けられ、ベルリンには行き来を制限する「壁」が設置された。この「冷戦」時代の終わりを、「私」はドイツで過ごしていた。

私は、一九八〇年代のドイツで子供時代を過ごした。

当時私が家族と一緒に住んでいたのはキールという港町。キール市はドイツの最北エリアにある州の州都だが、人口はたった二四万人で、決して大きな町ではない。また、キールには昔から軍港があるため、第二次世界大戦中に町が空襲に遭い、昔ながらの美しい装飾の付いた家がほとんど残っておらず、他のドイツの町と比べるとかなり劣って見える。

それでも子供の私にとって、キール以外の町に住むなんて考えられなかったし、そもそも行動範囲が狭かったので、このままの暮らしが永遠に続くのだろうと思っていた。いや、そもそもそこまで考えてもいなかったろう。ドイツにも強い影響を与えた※1チェルノブイリ事故が起きたのは二歳の頃だったので、牛乳が飲めなくなったことも、雨に濡れてはいけなかったことも、外で遊べなかったことも、何一つ覚えていない。

①私の世界が変わる最初のきっかけは小学校の入学式だった。ドキドキしながら待ちに待った一九八九年のあ

る八月の日、六歳になったばかりの私はおしゃれなワンピースを着せてもらい、真新しい紫色のランドセルを背負って、自分の身長の半分以上もある「[※2]学校袋」をまるでトロフィーのように両手で抱えながら、両親とともに学校へ向かった。

小学校の小さな校舎の前には、同じように着飾った親子が式の始まりを待っていた。しかしよく見てみると、新入生の中には他の子供より背が高くほっそりした、青白い肌で、髪の毛がカールした男の子が二人いた。笑顔ではなかった。彼らが着ていた暗色の服装が妙にクラシカルな雰囲気で、周りの生徒の間でかなり目立っていた。少し近づいてみると、話している言葉がドイツ語ではないのがわかった。「どこの子供なんだろう？」とかなり気になった。

しかし次の日に学校に来てみても、この点に関して全く説明がなかった。彼らが兄弟であること、普通の一年生よりも年上であること、ドイツ語があまり話せないこと、何らかの事情でキール郊外に住むようになったことだけは伝え聞いたが、それ以外は一切不明だった。いつもトレーナーの上下を着ている物静かな二人は気になる存在だったが、時間が過ぎていくうち、いつの間にか謎は謎のまま日常に埋没していった。

ドイツの学校では雨の日以外、授業の間の休み時間を必ず外で過ごさないといけないルールがある。大きな砂場のような校庭でクラスメイト全員で遊ぶのだ。雨上がりの湿った土に「運河」を掘ったり、自分たちで考えたルールで鬼ごっこをしたりする。言葉なんて要らなかった。

しかしある日、担任の先生が何かの口実を使い、この休み時間に例の二人の男の子に校長のお手伝いをさせた。二人が教室を出た後、先生がこう話した。「昨日、家庭訪問で二人の家に行ってきました。あの二人は、浜の近くにある非常に狭い小屋に住んでいます。部屋の大きさは六平方メートルしかなく、家族五人で暮らしています。狭い部屋の中には三段ベッドが二つも置いてあるので、家の中ではちゃんと立つことすらできません。二人はモノもあまり持っていないけど、そんなことを気にしないで、優しく接してあげてくださいね」

②先生の話は衝撃的だった。話を聞いているうちに、二人の同級生の五人家族が肩を寄せ合いながらひっそりと暮らしている小屋の※3ヴィジョンが、鮮明に目の前に浮かび上がった。

「ウチの近くで、こんな生活を強いられている人たちが住んでいるなんて!」信じられなかった。その時の私の内面では、担任の先生がいつも生徒に聞かせていた子供時代の戦争体験の話、とりわけ空襲の時に感じた不安の話が二人の同級生の現状イメージと重なったのだ。これは、「歴史」についての間接体験と身近な「現実世界」の直接体験がつながった瞬間で、③私の現実認識はわずかながら、しかし決定的に変化した。

今まで当たり前のように※4享受していた安全性と安定感が揺れ動き、子供ながら自分の生活の「脆さ」というものを初めて実感した。そして何より強く感じたのは、世界は広くて知らないものだらけだが、自分と完全に無関係なものはないらしいということだ。

一九八九年一一月九日、ベルリンの西側と東側を分けていた「壁」の検問所が開放された。その日までTVニュースには毎晩「※5DDR」や「壁」や「避難」という言葉がよく登場していたが、そもそもの意味はさっぱりわからなかった。覚えているのは、柵の向こう側に立っているたくさんの人々の青白い顔と寂しそうな表情。彼らが柵の内側、つまり、テレビカメラと私たち視聴者がいる側に行けたら自由になれるのに、それを暴力的に妨げようとする者がいること、柵を突破する途中で見つかると引きずりおろされ逮捕されるが、無事こちら側までたどりついた人々は祝福されて明るい未来に向かうらしい、という法則性は子供ながらに認識していた。

私の「冷戦時代」についての直接認識はそんな感じだ。いま思うに青白い顔の人々は、※6プラハにある西ドイツ大使館の敷地内に入って亡命を図った旧東ドイツ国民だったのだろう。

壁崩壊の直後、二人の同級生は学校に来なくなった。そして、この件についても説明は一切なかった。この二つの出来事が直接つながっている証拠は無いが、無関係とは思えなかった。

そう、これも先の話と同様、テレビを通じて知った「外部世界の人々」についての間接体験と身近な直接体験の※7シンクロだ。私はこれ以降、ものごとの背後にある関係性の※8実相に、次第に強い関心を抱くようになっていった。

これは、冷戦と壁崩壊が④幼い私の内面にもたらした「変化」である。


（マライ・メントライン「世界が変わった日」より）

※1　チェルノブイリ事故…一九八六年にウクライナ（当時はソ連の一部）のチェルノブイリ原子力発電所で起きた事故。
※2　学校袋…お菓子や小さなプレゼントの入った、アイスクリームコーンの形をした巨大な袋のこと。ドイツでは小学校入学式で必ず親からもらう。
※3　ヴィジョン…映像。
※4　享受…じゅうぶんに味わい、楽しむこと。
※5　DDR…ドイツ民主共和国（東ドイツ）の略称。
※6　プラハ…チェコスロヴァキア（現チェコ共和国と現スロヴァキア共和国）の首都。
※7　シンクロ…同調。一致。
※8　実相…本当のすがた。

問一　傍線部①「私の世界が変わる最初のきっかけ」とありますが、「きっかけ」となった出来事とはどのようなことだったのですか。「ドイツ語」という言葉を用いて、三十五字程度で説明しなさい。

問二　傍線部②「先生の話は衝撃的だった」とありますが、どのようなことに衝撃を受けたのですか。次のイ〜ホの中から最も適切なものを選び、符号を書きなさい。

イ　自分の生活の身近に、貧しく不自由な生活を強いられている人たちがいたこと。
ロ　二人の同級生の五人家族が暮らしている小屋のヴィジョンが鮮明に浮かび上がったこと。
ハ　担任の先生の空襲の時に感じた不安の話により、自分の抱えている不安がかき立てられたこと。
ニ　担任の先生の戦争体験の話と二人の同級生の現状イメージとが重なったこと。
ホ　「歴史」についての間接体験と身近な「現実世界」の直接体験がつながったこと。

問三　傍線部③「私の現実認識はわずかながら、しかし決定的に変化した」とありますが、「変化」する前の「現実認識」とはどのような認識だったのですか。六十字以内で説明しなさい。

問四　傍線部④「幼い私の内面にもたらした『変化』」とありますが、「私」の「内面」はどのようになったのですか。五十字以上六十字以内で分かりやすく説明しなさい。

第九講　記述編②〈問題〉

次の文章を読んで、後の問に答えなさい。

箒を逆さに立てるとお客さまが早く帰るというお呪いを知っている人は、今日では本当に少ないと思うが、考えてみれば、来客というのは心ときめくものである反面、妙に気疲れするものでもある。客は、家族や身内の人々と飲食を共にし、一緒に楽しんでいる。その限りで、客は私たちの側の、身近な存在である。しかし、客は私たちと日常の生活までをも共にしているわけではない。それは、あくまでも私たちの日常の外からやってきて、一時的に滞在する者である。

私たちの内部に一時的に滞在する外部の存在である客は、それゆえ私たちにとって一種の異物である。お客さまの、①この微妙にすわりの悪い二重性は、実は、古くから日本人が了解してきた神さまのあり方の根っこを暗示している。

遠来の思いがけない来客を迎えるとき、②私たちの日常は、一転して新鮮な雰囲気に包まれる。お客さん用のご馳走が出され、迎える私たちも普段とは違った豪華な食事にありつける。普段自分たちのためには決して買わないような品物が惜しげもなくやり取りされ、客のもたらす珍しい話は、日常の退屈を破って新鮮な活気を私たちの生活に吹き込んでくれる。来客を迎えるときめきは、私たちの日常の風景が一新するそのことへの期待に他ならない。

しかし、来客が私たちの日常を一瞬でも変容させる刺激をもたらすことができるのは、そもそも客が私たちの外から来る、私たちとは異なる何者かであるからに他ならない。外からやって来ること、言いかえれば、私たちの側からは見通すことのできない、ある種の暗さ、不透明性を背負っているからこそ、私たちの日常の風景は来客によって反転しうるのである。お客さまは、気のおける存在であるからこそ、私たちの日常に活気をもたらすのだといえる。

　客という存在の持つこの微妙な二重性は、有難いものでありつつ、どこか測り知れない奥深さを持つ、神さまの性格と正しく対応している。生活に豊かさや活力をもたらす魅惑的なありようと、一方で私たちの日常そのものを崩壊させかねない測り難い不気味さという神さまの両義的性格は、神が外からやって来る客であるということと直接に結びついているように思われる。

　神さまは、外からやって来ることにおいて、私たちの日常のどこかにひびを入れている。しかし、まさにそのことによって私たちの生活は新たな活力を得てもいるのである。この危険と期待、迷惑と楽しみの交差にあるのが、来客への接待なのであり、したがって神への※祭祀の場なのである。楽しみながらも、どこかで相手の顔色をうかがいながら、場合によっては追い返してでもお帰りいただく。そういう接待の場の底深い雰囲気が、私たちにとって神とはどういう存在であるかを確かめる手がかりとなるのである。

　子どもの頃、外で遊び回って帰ってきて勢いよく玄関から飛び込み、大声で「ただいま」と叫んだ瞬間、何か様子がおかしくて一瞬戸惑った、そういう記憶をお持ちの方は多いだろう。そういう時、たいていは母親がそっと障子の向こうから顔を出し、「今、お客様が来ているの」とささやく。

　その一言で子ども心は、奥深い何かを即座に了解したのではなかろうか。子どもが感知した、家の中に漂う言うにいわれぬこの雰囲気にこそ、神さまの経験の根っこがある。子ども心が感知したように神は第一義的に、見慣れた日常の風景の変容・反転として経験される。見慣れた景色の反転としてあらわれているもの、あるいはその反転をもたらしたと思われるところのものこそが、神なのである。

子どもは、我慢しなければならない。来客のあいだ中、子どもは、静かに、おとなしくしていることを求められる。きちんと挨拶もしなければならない。もちろん、小遣いを貰ったり、お土産を渡されたりと、楽しいこともいろいろあろう。それでも、結局子どもは、お客さまが帰るまで、我慢して待たなければならない。お客さまが辞去すると、たちまち子どもは、そして親も、いつもの姿を取り戻す。言葉遣いも普段に返り、何よりも家の中の空気が、いつものそれに戻る。

③反転していた日常の風景が、再び反転して、いつもの風景に戻るのである。そして、もしかすると私たちは、本当は客が帰ったあとのこの解放感の「楽」をこそ待っていたのかもしれないのである。

客をもてなし、共に談笑する時間は、したがって反転した景色が再び見慣れた景色へと戻るのを待つ時間でもある。反転した日常は、いつかはもとの日常に戻らなければならない。神と人々のかかわりとは、この、もてなしつつ待つことに他ならない。客とともに、神とともにある一種の興奮に彩られた待つ時間は、私たちが普段何気なく営んでいる日常の生のありようを、その回復への期待とともにそれとしてはっきりと思い出させる。

私たちは、待つ時間の中で、私たちの普段の生が何であったのかを自覚的に確認する。風景の反転の中に直観される神は、私たちの日常をあらためてそれとして確かめさせるところの、しかも私たちの日常の外部にある何者かである。

（菅野覚明『新道の逆襲』より）

※　祭祀…「祭り」と同じ。

問一　傍線部①「この微妙にすわりの悪い二重性」とあるが、これを六十字以内でわかりやすく説明しなさい。
（句読点も一字に数えます。以下の設問も同様です。）

問二　傍線部②「私たちの日常は、一転して新鮮な雰囲気に包まれる」とあるが、これは客がどのようなものだからですか。八十字以内で説明しなさい。

問三　傍線部③「反転していた日常の風景が、再び反転して、いつもの風景に戻るのである」とあるが、どういうことですか。具体的に、百字程度で説明しなさい。

第十講　発展編〈問題〉

次の文章を読んで、後の問いに答えなさい。

文学に「未来」はあるかといった問いに対しては、答えはないという答え以外にはありえない。「未だ来たらざるもの」をめぐってどんな想像をめぐらせようと、到来する現実は想い描かれたイメージを必ず裏切るに決まっている。「未来」という観念の抽象性を乗り越えるには、たぶんその裏切りを承知のうえで、抽象的な構想力をぎりぎりまで突き詰めつつ、実現可能性とは別の次元に位置する確率論的な潜勢態を、一つのなまなましいフィクションとして提示するといった途を選ぶほかはあるまい。問題は、二一世紀初頭の現在において、そんなフィクションすらわれわれの言説空間から[1]フッテイしつつあるということなのだろうか。

わたしは先日、ギュンター・グラスの『ブリキの太鼓』（高本研一訳、原著は一九五九年刊）を二〇年ぶりに読み返し、それが作家が生涯に一作だけしか書けないような力作であることを改めて確認したが、と同時に、語りの仕掛けの［甲］のような部分が奇妙に古めかしく映ることにやや当惑せざるをえなかったものだ。グラスの傑作は、金切り声によって周囲のガラスをすべて割ってしまう小人という突拍子もない仮構を設定することで、現代ドイツ史の全体を小説的想像力という胃袋の中で丸ごと咀嚼してみせた壮大な野心作だ。しかしそれはそれとして、主人公オスカルと看護人ブルーノという二つの話者の間を往還する説話装置の、一九五九年当時にはフランスのヌーヴォー・ロマンなどとも共鳴し合う刺激的な試みとして文学世界を眩惑したに違いない「新しさ」が、今となっては既視感に染まった風景の内部に小ちんまりと収まってしまっているのを認めて、何やら無惨な印象を受けたのである。『悪霊』だの『従妹ベット』だの『荒涼館』だのを読み返しても感じることはないこの無惨さを前にするとき、[A]「未来」をめぐってフィクションを構築することに今われわれはいよいよ臆病たらざるをえない。しかし、かと言って、ドストエフスキーやバルザックやディッケンズの途方もない面白さに今ふたたび「未来」を透視するといった倒錯した宿命論の側につくわけにはいかないのもまた、自明ではないか。

　答えのありえない問いをめぐってそんな無益な想いを種々にめぐらせるうち、しかしまたしてもあの如露（じょうろ）が、ふとわたしの頭に浮かんでくる。「たとえば、また別の日の夕ぐれ、胡桃の木の下に、庭師の徒弟が置き忘れた、半分水の入った如露を見つける、この如露と、木の影に蔽（おお）われて小暗くかげる、その中の水と、水の面を、暗い一方の岸から他方の岸へと泳いでいるげんごろうと、こうした取るに足らぬものの組み合わせが、無限なる存在の現前をありありと感じさせながら、ぼくを総毛立たせる、髪の毛の根元から踵の骨の髄に到るまで、ふるえおののかせる、その結果ぼくは、何ごとか叫びださずにはいられない気持ちになってくる」（ホフマンスタール『チャンドス卿の手紙』川村二郎訳、原著は一九〇二年刊）。

　若い頃この戦慄的な小説を読んで以来、私は小暗くかげったこの水面と、その中をすいとおよぐげんごろうのイメージに取り憑かれてしまった。今でもときおり「半分水の入った如露」の映像が何の[2]ミャクラクもなく頭をよぎることがあって、ややもすれば、暗がりに置かれたそんな如露の中を覗きこみ、水棲昆虫が蠢（うごめ）いているのを見出したといった体験が、子どもの頃のわたし自身の身に実際に起こったことであるような気さえするほどだ。ホフマンスタールの主人公は、日常世界のささやかな細片を前にして恍惚と恐怖とがないまぜになった昂ぶりを覚え、激しく震撼されるのだが、問題は、その昂ぶりが文字通り「名状しがたい」ものであること、つまり彼から［乙］が奪われてしまっていることなのである。

「精神」「魂」「肉体」といった「抽象的な言葉」が、「ぼくの口中で腐った茸のように砕け散ってしまったのです」

とまず彼は言う。その失語状態はさらに昂進し、「言葉がちりぢりばらばらにぼくの周囲を浮かびただよい、凝固して目となると、ぼくをひたと見据える。ぼくはぼくで、その目をじっと見返すよりほかない。それらは見下ろせば目もくらまんばかりの渦巻きなので、その[3]センカイはいつはてるともなく、そしてこれを突き抜けた先には空無が広がっているばかりなのです」という地点まで至り着く。

　わたしが言葉を見つめるのではない、言葉の方が高圧的な瞳と化してわたしをじっと凝視してくるというこの強迫体験をめぐって展開されるホフマンスタールの記述は、何とも恐ろしいと言うほかない。

　この渦巻き、この空無を前にした動揺から始動した二〇世紀文学は、たぶんこの動揺に未だ十全な解決を与えていない。二〇世紀の科学文明は、貴族的な都市生活者たちのつきあたった問題を解決するに至らなかったのである。「文学の不振」というジャーナリズムの紋切型を尻目に、今日なお数多の作品が書かれ、発表されているが、それらは、それが小説か詩かということとも無関係に、厳密に二つに分けることができる。

　[B]チャンドス卿の神経症の発作を内包し、そこから出発して書かれている作品が一方にあり、それとは無縁の作品が他方にある。前者をかたちつくる言葉はこの渦巻き、この空無の接近に脅えて弱々しく震えており、後者を織りなす言葉は作者という主体に統御されて——その統御ぶりの上手下手はともかく——安定した秩序の内部に収まっている。文学の「未来」は、たぶん依然として前者のうちに胚胎されているだろう。

　チャンドス卿はさらに言う——「いずれにしても、書く手だてとしてばかりでなく、考える手だてとしてぼくに与えられているらしい言語は、ラテン語でもなければ英語でもなく、イタリア語でもなければスペイン語でもなく、単語の一つすらぼくには未知の言語ですが、その言葉を用いて物いわぬ事物がぼくに語りかけ、その言語によってぼくは、いつの日か墓に横たわる時、ある未知の裁き手の前で申しひらきをすることになるだろうと思うのです」。この一節に「日本語でもなく」とさらにひとこと付け加えれば、それがそのまま、今わたし自身が「未来」をめぐって辛うじて紡ぎ出しうるみすぼらしいフィクションの、とりあえずの粗描ということとなろう。